최근 바울과 종말론 연구 동향

조셉 플레브닉 지음
김병모 옮김

기독교문서선교회

기독교문서선교회(Christian Literature Crusade: 약칭 CLC)는 1941년 영국 콜체스터에서 켄 아담스에 의해 시작되었으며 국제 본부는 영국의 쉐필드에 있습니다.
국제 CLC는 59개 나라에서 180개의 본부를 두고, 약 650여 명의 선교사들이 이동도서차량 40대를 이용하여 문서 보급에 힘쓰고 있으며 이메일 주문을 통해 130여 국으로 책을 공급하고 있습니다.
한국 CLC는 청교도적 복음주의 신학과 신앙서적을 출판하는 문서선교기관으로서, 한 영혼이라도 구원되길 소망하면서 주님이 오시는 그날까지 최선을 다할 것입니다.

What Are They Saying About Paul and the End Time?

by
Joseph Plevnik

translated by
Byoung-Mo Kim

Copyright © 2007 by Joseph Plevnik

Originally published in the U.S.A. under the title as
What are they saying about Paul and the End Time?
by Paulist Press 997 Macarthur Boulevard Mahwah, New Jersey 07430

All rights reserved.

Korean Edition
Copyright © 2011 by Christian Literature Crusade
Seoul, Korea

저자 서문

나는 1986년에 "21세기 신학 시리즈"에서 출간한 『최근 바울신학 동향』 (*What Are They Saying About Paul?*, CLC 刊, 2000)에서 바울의 다메섹 경험, 그리스도의 부활, 그리스도 부활의 의미, 이신칭의, 십자가, 소망 등을 다루었다. 그 이후에도 이 주제들 및 이와 관련된 주제들에 대한 책과 논문이 계속 출간되었다. 나는 이 책에서 이 주제들에 대한 논의를 최근의 것으로 갱신할 뿐만 아니라 전에는 다루지 않았던 주제들도 다루었다.

이 책은 그리스도의 죽음, 그리스도의 오심, 그리스도의 주권, 종말의 부활, 변화, 중간 단계의 존재, 그리스도와 함께 있는 것 등에 대한 학자들의 논의뿐만 아니라 그것들에 대한 바울의 사상도 제시한다. 이 주제들이 소위 바울의 종말론을 구성한다. 즉 그리스도 및 신자들과 관련되고 구원의 완성을 나타내는 종말의 사건들에 대한 그의 이해를 구성한다. 그리스도의 죽음은 비록 과거의 사건이고 종말 완성의 일부는 아니지만, 구원하는 효력 및 그리스도 부활과의 관련 때문에 여기에 포함된다. 그리스도의 부활도 역시 과거의 사건이지만, 미래의 부활을 포함하기 때문에 여기에서 언급되어야만 한다. 그리스도의 주권도 여기에 속한다. 왜냐하면 그리스도의 종말의 오심은 부활한 그리스도의 주권의 완성이기 때문이다. 그리스도의 오심은 종말의 핵심 사건이다. 그리스도의 오심은 바울의 소망의 초점이고 그리스도의 주권의 절정이다. 신자들의 부활과 변화는 그리스도의 오심과 연결되어 있다. 그리고 그리스도와 함께 있는 것은 신자의 기쁜 소망이 실현되는 것이다.

이 주제들이 바울신학의 전모를 보여 주는 것은 아니다. 이 가운데 몇몇 주제들을 나는 『바울과 재림』(*Paul and the Parousia*, Peabody, MA: Hendrickson, 1997)에서 다루었다. 지금 이 책에서는 이 주제들에 대한 현재의 학자들의 견해를 다루면서 앞의 책에서 밝혔던 내 견해도 참조할 것이다. 나는 주로 영어권 학자들의 견해를 다룰 것이다. 영어는 지난 20년 동안 학문활동의 주요 전달매체가 되어 왔기 때문이다. 그렇지만 특수한 주제들에서는 다른 언어들로 출간된 획기적인 책과 논문을 언급하는 것이 여전히 필요하다.

바울에게 중요했던 그리고 계속해서 신자들의 믿음과 소망에 대해서 알려 주는 그리고 다양한 방식으로 해석된 이 주제들을 읽으면서 독자들에게 많은 유익이 있기를 바란다. 나는 일시적인 해석의 유행과는 거리를 두고 바울의 사상에 가능한 한 가까이 붙어 있으려고 노력했다. 나는 이 책을 쓰면서 이 사도를 더 잘 이해하게 되었다. 이 책이 독자들에게도 이 사도가 부활한 그리스도에 대한 그의 이해에서 이끌어낸 그의 소망의 메시지를 이해하고 사용하는 데 도움이 되기를 바란다.

역자 서문

사람들은 한국교회가 양적 측면에서 정체 내지 퇴보하고 있다고 평가한다. 그렇다면 질적 측면에서 한국교회는 진전하고 있을까? 아래의 것보다는 위의 것에 관심을 갖고 땅의 것보다는 하늘의 것을 추구하면서 어두운 이 땅을 저 하늘의 빛으로 밝히고 있을까? 말의 고백에 행동을 더하면서, 복음을 허공에 흩뜨리는 데 그치지 않고 우리의 인격과 삶에 뿌리내리게 하면서 사람들에게 이 복음이 진리임을 분명하게 보여 주고 있을까? 현세의 성공 유혹 (돈, 지위, 인정, 건강, 향락 등)에 굴복하지 않고 내세의 영광의 약속을 견지하면서 이 세상의 소금의 역할을 하고 있을까? 안타깝게도 우리는 그렇게 하지 못하고 있는 것 같다. 원인이 무엇일까? 많은 이유와 원인이 있을 것이다. 그 중의 하나는 '내세의 영광의 약속'을 확신하지 못하는 우리의 불신 때문이다.

이 책에서 조셉 플레브닉(Joseph Plevnik)은 바울의 주요 종말 본문들을 다룬다. 먼저 그는 흔히 '부활장'이라고 부르는 고린도전서 15장을 집중적으로 고찰한다. 그러면서 자신들이 부활할 것을 믿지 못하는 그리스도인들에게 예수 그리스도가 부활하셨다는 부활의 근거, 예수 그리스도의 통치와 모든 원수의 멸망과 하나님의 통치라는 부활과 관련된 종말적인 사건들, 육의 몸이 아니라 영의 몸이라는 부활한 사람의 특성 등을 깨우쳐 주면서 우리도 모두 반드시 부활할 것이라고 강력하게 선언한다.

"그러므로 내 사랑하는 형제들아 견실하며 흔들리지 말고 항상 주의 일에 더욱 힘쓰는 자들이 되라 이는 너희 수고가 주 안에서 헛되지 않은 줄 앎이라"(고전 15:58). 그런 후에 그는 데살로니가전서 4:13-18을 고찰한다. 그러면서 죽은 그리스도인들 때문에 슬퍼하는 살아 있는 그리스도인들에게 예수 그리스도가 다시 오실 때에 그 죽은 자들도 다시 살아나서 우리 살아 있는 자들과 함께 그분을 영접하고 그분과 함께 있게 될 것이라고 단언한다. "그러므로 이러한 말로 서로 위로하라"(살전 4:18).

끝으로 그는 '불굴불변의 소망'에 대해서 고찰한다. 그러면서 우리를 사랑하시는 하나님을 그 소망의 근거로 제시한다. 특히 예수 그리스도를 통해서 드러나는 하나님의 사랑과 신실과 능력을 강조한다. "주 예수를 다시 살리신 이가 예수와 함께 우리도 다시 살리사 너희와 함께 그 앞에 서게 하실 줄을 아노라"(고후 4:14). 그렇다. 우리의 삶은 이 땅으로 끝나지 않는다. 우리의 삶은 저 하늘로 이어진다.

그렇기 때문에 우리는 외부에서 다가오는 박해와 고난에도 굴복하지 말고 또 그와 동시에 내부에서 일어나는 욕심과 유혹에도 굴복하지 말고, 하늘에 속한 자들로서 내세의 영광을 소망하면서 위의 것을 추구하며 살아야 한다. 그렇다. 하나님은 우리를 사랑하신다. 하나님은 우리를 위해서 당신의 아들을 아끼지 않고 내어 주실 정도로 우리를 사랑하신다. 그래서 우리는 바울처럼 부활의 소망을 가지고 이렇게 담대하게 선언하면서 힘 있게 살아갈 수 있다. "내가 확신하노니 사망이나 생명이나 천사들이나 권세자들이나 현재 일이나 장래 일이나 능력이나 높음이나 깊음이나 다른 어떤 피조물이라도 우리를 우리 주 그리스도 예수 안에 있는 하나님의 사랑에서 끊을 수 없으리라"(롬 8:38-39).

이 소중한 책을 저술한 저자 플레브닉 교수에게 그리고 이 소중한 책을 번역해서 출판하는 CLC의 모든 사역자들에게 감사드린다. 부디 이 작은 책이 이 세상의 흐름에 휘말린 우리 한국교회를 다시 '이 세상의 빛과 소금'이 되게 하는 데에 꼭 필요한 일익을 감당하기를 간절히 바란다. Gloria Dei!

2011년 2월 3일에 빛고을에서
김병모 識

목차

저자 서문	5
역자 서문	7
약어표	11
제1장 그리스도의 죽음과 부활의 복음 　　　고린도전서 15:3b-5	13
제2장 그리스도의 부활에 대한 올바른 이해 　　　고린도전서 15:12-34	49
제3장 '죽은 자들의 부활'은 어떤 모습일까? 　　　고린도전서 15:35-56	79
제4장 주님의 오심	101
제5장 불굴불변의 소망	125
참고문헌	146

약어표

AB	Anchor Bible
ATANT	Abhandlungen zur Theologie des Alten und Neuen Testaments
BETL	Bibliotheca Ephemeridum Theologicarum Lovaniensium
BFCT	Beiträge zur Förderung christlicher Theologie
BGBA	Beiträge zur Geschichte der biblischen Exegese
BZ	*Biblische Zeitschrift*
BZNW	Beihefte zur ZNW
CBQ	*The Catholic Biblical Quarterly*
EKKNT	Evangelisch katholischer Kommentar zum Neuen Testament
EvT	*Evangelische Theologie*
Exp Tim	*Expository Times*

FRLANT	Forschungen zur Religion und Literatur des Alten und NeuenTestaments
HTKNT	Herders theologischer Kommentar zum Neuen Testament
ICC	International Critical Commentary
INT	Interpretation
JBL	*Journal of Biblical Literature*
JTS	*Journal of Theological Studies*
LB	*Linguistica biblica*
MTZ	Münchener theologische Zeitung
NTS	*New Testament Studies*
QD	Questiones Disputatae
SANT	Studien zum Alten und Neuen Testament
SBT	Studies in Biblical Theology
TJT	*The Toronto Journal of Theology*
TQ	*Theologische Quartalschrift*
TZ	*Theologische Zeitung*

1

그리스도의 죽음과 부활의 복음

고린도전서 15:3b-5

바울의 부활 이해는 고린도전서 15장에 가장 명확하고 두드러지게 기술되어 있기 때문에 우리는 이 장을 살펴보면서 시작하고자 한다. 이 장은 정말로 미래의 부활을 다루고 있다. 그런데 바울에 의하면, 미래의 부활은 그리스도의 부활에 의해서 요구된다. 바울은 이 그리스도의 부활을 3b-11절에서 거듭 확언한다. 이 구절들은 그리스도의 죽음과 부활을 두 부분으로 이루어진 하나의 사건(a twofold event)으로 다루면서, 이 사건이 신앙에 대해서 갖는 의의에 초점을 맞추고 있다.

신앙고백문(formula of faith)으로 보이는 고린도전서 15:3b-5은 석의가들 사이에서 잦은 논란의 핵심이었다. 그리고 그런 상황은 현재까지도 계속되고 있다. 가장 유명한 바울 비평가인 게르트 뤼데만(Gerd Luedemann)은 이 구절을 그가 역사비평으로 간주하는 방식으로 살펴본다.[1] 하지만 그의 방식은 학

---

1) 그의 이름은 Luedemann과 Lüdemann 두 방식으로 사용된다. 나는 각 글에 나타나는 방식을 그대로 사용한다. G. Luedemann, *The Resurrection of Jesus* (London: SCM, 1995). 또한 G. Lüdemann, *The Resurrection of Christi: A Historical Inquiry* (Amherst, NY: Prometheus Books, 2004). Lüdemann에 대한 독일권의 반응을 위해서는, U. Luz, "Aufregung um die Auferstehung Jesu. Zum Auferstehungsbuch von G. Lüdemann," *EvT* 54 (1994): 476-82; H.

자들이 사용하는 역사비평의 양식들 중에서 단지 하나의 양식에 불과할 뿐이다. 이 방식은 뤼데만이 재배열한 증거와 특정한 전제들에 근거해서 예수 부활에 대한 몇몇 성급한 결론들을 제시한다.

고린도 교인들은 어떤 견해를 갖고 있었는가, 바울은 여기에서 무엇을 주장했는가, 그리스도의 부활과 관련해서 역사적인 것은 무엇인가 등에 대한 학자들의 견해는 서로 다르다. 어떤 학자들은 고린도 교인들은 그리스도의 부활을 부정했다고 주장하고 다른 학자들은 바울은 여기에서 그리스도 부활의 역사적 실재를 확언하지 않았다고 주장한다. 다른 학자들은 부활 현현 이야기들은 실제적 또는 역사적이지 않았다고 주장하고 또 다른 학자들은 그리스도의 부활에 대한 믿음은 더 이상 필요하지 않다고 주장한다. 루돌프 불트만(Rudolf Bultmann)과 빌리 마르크센(Willi Marxsen)과 또 다른 학자들이 주장하는 바로 앞의 견해에 의하면, 그리스도는 무덤으로부터(from the grave) 부활하지 않고 우리의 신앙 속으로(into our faith) 부활했다. 불트만의 해석에 의하면, 그리스도의 부활은 은유(metaphor)이다. 즉 예수는 우리의 신앙에서(in our faith) 부활했다는 것이다. 마르크센에 의하면, 예수의 부활은 그리스도의 관심이 신앙을 통해서(through faith) 지속된다는 것을 의미한다. 우리는 나중에 이 견해들에게로 되돌아올 것이다.

고린도전서 15장에서 바울은 그가 고린도 교인들을 처음 만났을 때에 그들에게 전해 주었던 복음의 양식(form)을 문자적으로 인용한다. 이것을 사용해서 그는 그들이 전에 받았던 신앙교육을 상기시키고 또 그가 전체 교회의 신앙이라고 가르쳤던 것을 상기시킨다. 지금 그의 초점은 예수의 부활에 놓

Verweyen, ed., *Osterglaube ohne Auferstehung? Diskussion mit Gerd Lüdemann* (QD 155; Freiburg: Herder, 1995)을 보라. 영어권의 반응을 위해서는, A. J. M. Wederburn, *Beyond the Resurrection* (London: SCM, 1999)을 보라. 부활 현현들을 재해석하려는 시도는 H. J. De Jonge, "Visionary Experience and the Historical Origin of Christianity," in *Resurrection in the New Testament. Festschrift J. Lambrecht*, ed. R. Bieringer, V. Koperski, and G. Lataire (BETL 165; Leuven: University Press, 2002): 35-53에 의해서도 이루어졌다.

여 있다. 6-11절이 보여 주듯이, 그는 예수의 부활을 거듭 확언할 뿐만 아니라 그 부활이 갖는 구원의 의의도 지적한다. 어떤 의미로는, 그는 이 고백문(formula)을 정확하게 해석하는 방법을 보여 주는 것이다.

3b-5절의 신앙고백문은 첨가된 6-11절과 더불어 바울이 고린도전서 15장에서 전개하는 부활에 대한 숙고의 토대이다. 바울은 미래의 부활과 관련된 자기의 입장을 진술하기 위해서 그리고 그가 고린도 교인들에게 전해 주었던 원래의 신앙 이해를 상기시키기 위해서 이 신앙고백문에 호소한다. 그는 이 신앙고백문이 전체 교회의 전통이라고 단언하면서, 이 고백문의 의의를 고양시킨다. 게다가 자기의 견해는 교회의 복음과 완전히 일치한다고 밝힌다. 특히 그는 그리스도의 부활과 관련해서 교회와 일치한다. 6-11절에서 그는 자기에게 나타난 부활한 그리스도의 현현 이야기를 포함하여 다른 현현 이야기들을 덧붙이면서 그리스도 부활의 증거를 강화한다. 이렇게 첨가된 6-11절에 의해서 강화된 이 신앙고백문은 이 장의 나머지 부분에서 그의 논증의 토대의 역할을 감당한다.

1. 비바울적 신앙고백문: 고린도전서 15:3b-5

대부분의 학자들이 동의하듯이,[2] 고린도전서 15:3b-5에서 바울은 고린도에 처음 왔을 때에 그가 선포했던 복음을 인용하고 있다.

---

2) J. Blank, *Paulus und Jesus* (SANT 18; Munich: Kösel, 1968), 133을 보라. 블랭크는 이 주제를 다루는 오래된 자료를 인용한다. 또한 H. Conzelmann, *1 Corinthians* (Philadelphia: Fortress Press, 1975), 251; J. Kloppenborg, "An Analysis of the Pre-Pauline Formula in 1 Cor 15:3b-5 in Light of Some Recent Literature," *CBQ* 40 (1978): 351-67; G. Fee, *The First Epistle to the Corinthians* (Grand Rapids: Eerdmans, 1987), 722-73. 위에서 언급한 De Jonge("Visionary Experience," 35-53)은 고백문의 범위에 대해서 새로운 제안을 했다.

이는 성경대로 그리스도께서 우리 죄를 위하여 죽으시고
장사지낸 바 되셨다가 성경대로 사흘만에 다시 살아나사
게바에게 보이시고 후에 열두 제자에게와(고전 15:3b-5).

바울은 이것이 우리를 위한 예수의 죽음과 부활을 통해서 이루어지는 구원에 관한 복음(the good news)이라고 단언한다.

대부분의 석의가들에 의하면, 이 고백문에 들어 있는 모든 단어-각 행의 처음에 나오는 '그리고'(and that)라는 의미의 단어는 예외일 수도 있다-는 전승에 속해 있다. 이 고백문은 대칭 구조를 갖고 있다. 그리스도의 죽음을 다루는 첫 두 행은 부활을 다루는 마지막 두 행과 병행을 이룬다. 게다가 각 부분의 두 번째 언급은 바로 앞의 언급을 확인해 준다. 즉 "장사지낸 바 되셨다"는 그리스도가 죽었다는 것을 확인해 주고, "게바에게 보이시고 후에 열두 제자에게"는 그리스도가 죽은 자들로부터 부활했다는 것을 확인해 준다. 이것이 정말로 바울이 전에 고린도 교인들에게 선포했던 바로 그 복음이라는 것은 "내가 너희에게 전한 복음…이는 너희가 받은 것이요"(1절)라는 서두에서 분명하게 드러난다.

바울이 이 복음(gospel formula)을 지금 다시 진술하는 이유는 "그리스도께서 죽은 자 가운데서 다시 살아나셨다 전파되었거늘 너희 중에서 어떤 사람들은 어찌하여 죽은 자 가운데서 부활이 없다 하느냐"(12절)고 그가 깜짝 놀라서 제기하는 질문에서 발견된다. 이슈는 미래의 부활을 부인하는 것이다. 이 부인 때문에 고린도에서 문제가 생겼고, 바울은 그리스도의 부활을 거듭 확언할 뿐만 아니라 그 부활이 갖는 구원의 의의도 분명하게 밝히게 되었다.

그런데 "그리스도는 죽은 자들로부터 부활하셨다"(4절)와 "죽은 자들의 부활은 없다"(12절)는 이 두 진술이 바울에게는 어떤 의미에서 서로 모순된다는 것인가? 고린도 교인들은 이 두 진술에서 어떤 모순도 느끼지 않았을 수 있다. 아니, 실제로 느끼지 않았던 것 같다. 우리는 나중에 이 문제로 다시 돌아올 것이다. 지금은 가장 먼저 바울이 말하는 내용으로 봐서 그리고는 이 절들에 사용된 언어로 봐서, 마지막으로는 이 절들의 구조로 봐서 이 3b-5절이 정말로 전승이라는 것을 우선 확실하게 해 두자.

바울은 3b-5절에서 축어적으로 인용하고 있다는 데에 학자들은 동의한다. 바울서신에서 또 다른 이런 인용은 고린도전서 11:23의 성만찬 본문에서 발견된다. 바울은 고린도전서 15:3b-5의 이 복합적인 진술을 '복음'(to euangelion, 고전 15:1)이라고 부른다. 바울이 여기에서 정말로 전승을 인용하고 있다는 것은 "내가 받은 것을…너희에게 전하였노니"(3a절; 11:23 참조)라는 말에 의해서 확인된다. 요셉 블랭크(Josef Blank)는 이 단어들은 정형구(a set phrase)라고 강조했다. "내가 전했다"와 "내가 받았다"(paredōka…parelabon)는 랍비문헌에서 전승의 인용을 나타내기 위해서 사용되었다. 그렇다면 바로 여기에서 바울은 인용의 시작을 표시하고 있는 것이다.[3]

따라서 현재의 표현(wording)은 비록 바울이 고린도 교인들에게 선포할 때에 사용하기는 했지만, 그에게서 유래한 것이 아니다. 그 말로(in what terms, tini logō, 2절)라는 표현은 축어적인 반복을 암시한다. 이 표현은 바울의 사고에서도 여전히 생생하다. 이 복음은 바울 자신이 믿고 선포하는 것과 고린도 교인들이 또는 그들 대부분이 계속 믿었던 것을 포함하고 있다. 학자들은 여기에서 '신앙고백문'에 대해서 말한다.[4] 바울은 지금 고린도 교인들을 그들의 최초의 신앙의 헌신에 붙들어 매고, 그들에게 도전한다. 그는 그들의 구원을 위해서는 이 신앙이 필요하다고 말한다. "그로 말미암아 구원을 받으리라." 하지만 "너희가 만일 내가 전한 그 말을 굳게 지키면"(2절)이라는 그의

---

3) Blank, *Paulus und Jesus*, 137.
4) 고백문(formula)이라는 단어는 정형화되고 짧고 간결한 진술을 나타내기 위해서 사용된다. '신앙의'(of faith)는 고백문의 내용이 신앙에 관한 진술이라는 의미이다. 이 형태(formulation)는 짧고 간결한 형태를 요구하는 신앙교리문답 교육의 결과라고 추정한다. 고린도전서 15:3b-5이 '고백문'이라는 것은 간결하고 압축된 표현에서 분명하게 드러난다. 이것이 신앙고백문이라는 것은 "그로 말미암아 구원을 받으리라"는 바울의 말과 이 고백문의 내용에서 분명하게 드러난다.

말은 모든 고린도 교인들이 아무런 문제가 없는 것은 아니라는 암시를 준다. 그의 생각에는 그 공동체의 모든 사람들이 이 구원의 메시지를 제대로 이해한 것은 아니라는 의문이 들었다.[5]

이 고백문은 초기 교회의 교리문답에서 유래했다. 바울서신에서 이런 고백문들을 찾아낸 알프레드 제베르크(Alfred Seeberg, 1906)는 이것들을 교리문답 단편들(catechetical fragments)이라고 불렀다.[6] 대부분의 학자들에 의하면, 고린도전서 15:3b-5은 데살로니가전서 1:10, 4:14, 고린도후서 4:14, 로마서 1:3-4, 10:9 등과 마찬가지로 정말로 전바울적인(pre-Pauline), 초대교회의 전승이다. 그 후에 발터 크라머(Walter Kramer, 1963)가 바울서신에 나오는 이 전바울적인 자료를 양식비평을 사용해서 연구했다.[7] 그 결과 바울서신에 들어 있는 초기 교회의 전승은 비록 바울이 갈라디아서 1:11-12에서는 "내가 너희에게 알게 하노니 내가 전한 복음은 사람의 뜻을 따라 된 것이 아니니라…오직 예수 그리스도의 계시로 말미암은 것이라"고 주장하더라도 하나의 중요한 특성으로 인식되었다. 이렇게 바울은 그의 복음은 부활한 그리스도의 계시에서 유래한다는 것과 이 독특한 형태(formulation)는 교회의 전승이라는 것, 둘 다 주장한다. 칼 케르텔게(Karl Kertelge)에 의하면, 예수는 우리를 위해서 죽었다는 바울의 선포는 전승이 아니라 주님과의 만남에 기초를 두고 있다.[8] 하지만 고린도전서 15장 전체의 주제인 바울의 예수 부활선포에 대해서도 똑같은 말을 할 수 있다. 그렇지만 목회적인 이유 때문에 바울은 여기에서 자기 자신과 교회와의 일치를 강조하기도 한다.

---

5) "너희가…헛되이 믿지 아니하였으면"은 17절의 "그리스도께서 다시 살아나신 일이 없으면 너희의 믿음도 헛되고 너희가 여전히 죄 가운데 있을 것이요"를 예기할지도 모른다.

6) A. Seeberg, *Der Catechismus der Urchristenheit* (Leipzig: Deichert, 1906); (재인쇄 Munich: Kaiser, 1966), 48-50.

7) W. Kramer, *Christ, Lord, Son of God,* Studies in Biblical Theology 50 (London: SCM, 1963), 19-128.

8) K. Kertelge, "Das Verständnis des Todes Jesu bei Paulus," in *Der Tod Jesu: Deutungen im Neuen Testament,* ed. K. Kertelge (QD 74; Freiburg, Basel, Vienna: Herder, 1976), 114-36, 특히 121.

1) 고백문의 범위

이 고백문의 범위에 대해서 질문들이 제기되었다. 이 고백문은 어디에서 시작하고 어디에서 끝나는가? 고백문이 고린도전서 15:3b에서 시작되는 것은 분명하다. 왜냐하면 "내가 받은 것을 먼저 너희에게 전하였노니"라는 바울의 말이 이것을 고백문으로 소개하기 때문이다. 블랭크가 지적했듯이 이 표현은 인용부호의 역할을 한다.[9]

그러나 고백문의 끝은 그렇게 분명하지 않다. 학자들은 여기에서 3b-5절에 나오는 비바울적인 사고와 언어에 그리고 3b-5절과 6-11절의 서로 다른 구조에 호소하곤 했다. 고백문이 어디에서 끝나는지에 대해서 다양한 의견이 제시되었다. 최근에 헹크 얀 드 종(Henk Jan De Jonge)은 고백문을 7절까지 확장했다.[10] 대부분의 학자들은 고백문이 5절에서 끝난다고 주장했다. 반면에 어떤 학자들은 좀 더 일찍 베드로에게 나타난 현현 이야기로 끝난다는 제안을 내놓았다. 그래야 고백문이 완전한 대칭을 이루게 된다는 것이다. "장사지낸 바 되셨다"는 단문이 예수의 죽음을 재확인하는 것처럼, "게바에게 보이셨다"는 단문이 예수의 부활을 재확인한다는 것이다. 그러나 이 주장은 내용이 아니라 대구(parallelism)에 더 많은 가치를 부여하고 있다.

블랭크가 지적했듯이, 열두 제자(the twelve)라는 표현은 전통적이다. 사람들은 아마도 열한 제자(the eleven)를 기대할 것이다.[11] 게다가 모여 있는 제자들에게 나타난 예수의 현현 이야기는 모든 복음서에 나온다. 고백문을 7절까지 확장하는 이유도 또한 대구 때문이다. "그 후에 야고보에게 보이셨으며 그 후에 모든 사도에게"는 5절 "게바에게 보이시고 후에 열두 제자에게"와

---

9) Blank, *Paulus und Jesus*, 137.
10) De Jonge, "Visionary Experience," 35-53. 이와 관련된 견해들에 대한 개관을 위해서는 P. Stuhlmacher, *Das paulinische Evangelium. I. Vorgeschichte* (FRLANT 95; Göttingen: Vandenhoeck & Ruprecht, 1968), 274와 Kloppenborg, "An Analysis," 352를 보라.
11) Blank, *Paulus und Jesus*, 163-64.

평행을 이룬다. 이 대구는 바울에게서 유래했을 수도 있다. 6b절에 나오는 분명히 바울적인 표현-"그중에 지금까지 대다수는 살아 있고 어떤 사람은 잠들었으며"-은 전승을 7절까지 확장하는 것을 허락하지 않는다. 제롬 머피-오코너(Jerome Murphy-O'Connor)는 "그 후에 오백여 형제에게 일시에 보이셨나니"라는 바로 앞의 진술도 바울에게서 유래한다고 주장했다.[12] 간결하고 대칭적인, 전통적인 신앙고백문이 갑자기 한쪽으로, 즉 부활한 예수의 현현 이야기 쪽으로, 복수의 현현 이야기를 강조하는 쪽으로 확장되었을 것 같지는 않다. 이것을 첨부한 이유는 초기 전승의 관심사 때문이 아니라 바울이 이 편지를 쓸 당시 고린도의 상황 때문이다. 이때에 바울은 미래의 부활에 대한 약속을 포함하고 있다고 생각하는 그리스도 부활의 실제를 강조해야만 했다.

고든 피(Gordon Fee)가 관찰한 대로 대부분의 학자들은 고백문이 5절에서 끝난다는 데에 동의한다.[13] 3b-5절에서는 분명하지만 6-11절에서는 분명하지 않은 비바울적인 어휘, 각 문장마다 고유한 동사를 갖고 있는 3b-5절에서만 나타나는 형태, 예수의 부활을 15장의 모든 논증의 토대로 제시하는 바울의 의도 등이 이 견해를 지지한다.

비바울적인 어휘도 여기 동일한 절들에서 분명하게 나타난다. 에타페(etaphē, "그는 장사되었다"), 헬라어 완료형 에게게르타이(egēgertai, "그는 일으켜졌다"), 오프테(ōphthē, "그가 나타났다") 등이다. 에타페("그는 장사되었다")는 바울서신에서 오직 여기에서만 나타나지만, 이것이 아주 의미 있는 것은 아니다.[14] '사흘만에'도 바울서신에서 오직 여기에서만 나타나지만, 이것도 별로

---
12) J. Murphy-O'Connor, "Tradition and Redaction in 1 Cor 15:3-7," *CBQ* 43 (1981): 582-89.
13) Fee, *The First Epistle to the Corinthians*, 718. 하지만 De Jonge("Visionary Experience," 38-40)은 5절에서 열두 제자에게 나타난 현현을 삭제하려고 한다. 왜냐하면 이것이 그는 장사되었다(he was buried)와의 병행을 깨뜨리기 때문이다. 그러나 초기 교회의 선포에서 열두 제자가 감당하는 역할은 이 주장과 상반된다.
14) 롬 6:3에는 '우리는 함께 장사되었다'(we were buried with, synetaphēmen)라는 복합동사가 나온다. 이 단어는 중요하지 않다. 왜냐하면 바울은 그의 서신에서 매장에 대해서는 거의 이야기하지 않고 그리스도의 매장에 대해서는 여기 말고는 전혀 이야기하지 않기 때문이다.

중요한 것 같지 않다. 왜냐하면 바울은 다른 곳에서는 빈 무덤의 발견에 대해서 언급하지 않기 때문이다. 보다 많은 것을 말해 주는 것은 단수형태 죄(sin)이다. 요아킴 예레미아스(Joachim Jeremias)는 바울이 단수형태 죄(hamartia)를 64번 사용하며 그것을 세력(power)으로 간주하고 있다고 지적했다. 그는 전승에 의존할 때에만(5번) 복수형태 죄들(sins)을 죄를 짓는 행위(a sinful act)라는 의미로 사용한다.[15] 하지만 후자의 경우에는 범죄(transgression, paraptōma)를 11번 사용하기도 한다. 아주 의미가 있는 것은 '성경대로'라는 표현이다. 바울은 종종 성경을 언급하지만, 그의 서신에서 이 형태는 두 번 다시 나타나지 않는다.[16] 바울적인 용법이 아닌 완료형태 에게게르타이도 중요하다. 바울은 하나님이 예수를 일으키셨다는 것이나 예수가 하나님에 의해서 일으켜졌다는 것을 언급할 때에는 단순과거시제(aorist tense)를 사용한다.[17] 이렇게 우리는 이 본문에서 한 다발의 비바울적인 단어들을 발견한다. 이것은 이 본문이 전승에서 유래한다는 표시이다.

그러나 고린도전서 15:6-11까지 가 보면, 그림이 달라진다. 여기에서는 3b-5절에 나오는 것과 동일한 패턴도 또 비바울적인 어휘도 찾아볼 수 없다. 이 단락에 나오는 대부분의 단어들은 바울에게서 유래한다. 이것은 특히 6절의 "그중에 지금까지 대다수는 살아 있고 어떤 사람은 잠들었다"는 그의 첨

---

15) 롬 4:7 (시 31:1); 롬 4:8 (시 31:2); 롬 8:3 (레 5:6); 롬 11:27 (사 27:9); 살전 2:16 (창 15:16). J. Jeremias, *The Eucharistic Words of Jesus* (London: SCM, 1966), 101-5, 특히 101 각주 6을 보라.

16) 바울의 다음의 표현들을 사용한다. '성경에'(롬 1:2), '성경이 말한다'(롬 4:3; 9:17; 10:11 등), '기록된 바'(kathōs, 롬 1:17; 2:24; 3:10 등), '기록된 바'(hōsper, 고전 10:7), '기록되었으되'(gar, 롬 12:19; 14:11; 고전 1:19 등), '기록된 바'(houtōs kai, 고전 15:45), '기록된 바'(kata to gegrammenon, 고후 4:13), '기록된 바'(hoti, 갈 3:13), '기록된'(egraphē, 롬 4:23; 고전 9:10; kata tas graphas, 15:4).

17) 예수를 부활시킨 주체로 하나님을 상정하는 ēgeirō의 다양한 단순과거 형태가 다음과 같이 나타난다. 단순과거 능동태 ēgeiren(롬 10:9; 고전 6:14; 15:15; 살전 1:10), 단순과거분사 egeiras(롬 8:11; 고후 4:14), 단순과거수동분사 egertheis(롬 4:25; 6:4). O. Hofius, "'Am dritten Tage auferstanden von den Toten'. Erwägungen zum Passiv egeiresthai in christologischen Aussagen des Neuen Testaments," in *Resurrection in the New Testament. Festschrift J. Lambrecht* (BETL 165; Leuven: University Press, 2002): 93-106을 참조하라.

언에서 분명하게 드러난다.[18] 5절에서 취해온 오프테(ōphthē)는 이제 이 절들에서 언급하는 모든 예수의 현현 이야기들에 적용된다. 이곳의 패턴은 3b-5절처럼 각 주장마다 고유한 동사를 갖는 별개의 주장들을 하나로 묶어 놓은 것이 아니라 죽 열거해 놓은 것이다. 모든 주장이 동일한 동사 오프테(ōphthē)를 갖는, 동일한 종류의 사건을, 즉 부활한 예수의 현현을 언급하는 주장들을 하나로 묶어 놓은 것이다. 바울은 현현 이야기들을 열거하고 있다. 이 첨부된 현현 이야기들의 목록이 갖고 있는 유일한 기능은 부활한 예수의 현현 이야기들의 실제에 그리고 나아가 그의 부활에 추가적인 증언(additional witnesses)을 제공하는 것이다. 이것은 고린도교회의 현재의 상황 때문에, 즉 미래의 부활에 대한 부인 때문에 필요하게 된 것이다. 각각의 첨부된 현현 이야기와 더불어, 부활한 그리스도에 대한 증언의 확실성은 더욱 커지게 된다. 이외의 다른 이유는 명백하게 드러나지 않는다.[19] 그러므로 이 동기는 전승에서가 아니라 바울에서 유래한다.

따라서 바울이 호소하는 전승은 3b-5절에만 들어 있는 것으로 보인다. 중요한 바울적인 삽입은 없는 것 같다. 바울이 초두에 나오는 그리스도(Christ) 앞의 정관사를 생략했을 가능성이 있긴 하지만, 이것조차도 확실하지는 않다. 6-11절은 바울이 초기 교회의 공통 전승에서 추출해 낸 첨가물이다.

2) 고백문의 기원, 원형, 시기

고린도전서 15:3b-5의 전승은 어디에서 유래하는가? 이 전승은 얼마나 오래되었는가? 그 원형은 어떤 모양이었는가? 예레미아스는 고백문의 표현이 주로 셈어적(Semitic)이라고 주장하며, 이 고백문은 아마도 아람어를 사용하

---

18) Murphy-O'Connor, "Tradition and Redaction," 585-86.
19) J. Plevnik, "Paul's Appelas to His Damascus Experience and 1 Cor 15:5-7: Are they Legitimations?" *TJT* 4 (1988): 101-11.

는 교회 공동체에서 유래했을 것이라고 제안했다. 그는 '성경대로'와 에게르테(ēgerthē) 등과 같은 헬라어적(Hellenistic) 특성들은 전달 과정에서 더해졌을 것이라고 본다.[20] 한스 콘첼만(Hans Conzelmann)은 이 견해에 이의를 제기했다. 그에 의하면, 어휘, 불변화사의 부재, 병행 구조는 굳이 셈어적 기원이 아니라 기껏해야 성경의 헬라어 번역본인 70인역(Septuagint)을 가리킨다.[21] 그는 고백문은 헬라어로, 아마도 안디옥에서 작성되었을 것이라고 본다.[22] 하지만 고백문이 유대적 헬라적 영향이 강한 안디옥에서 작성되었는지 아니면 예루살렘에서 작성되었는지를 언어에 근거해서 결정할 수는 없다. 왜냐하면 마틴 헹엘(Martin Hengel)이 지적한 것처럼, 유대적 헬라적 영향은 예루살렘에서도 강했기 때문이다.[23] 나중에 가서는 콘첼만은 단지 "이 고백문은 헬라어를 사용하는 유대적 교회 공동체에서 생겨났다"고 주장했다.[24] 콘첼만의 입장을 대부분 수용하는 존 클로펜보르그(John Kloppenborg)는 "이 고백문은 최소한 초기 교정본들 중의 어느 하나가 비록 헬라어로 작성되었다고 하더라도 팔레스타인교회에서 유래했다"고 주장한다. 그는 가능한 기원 장소로 예루살렘과 안디옥 둘 다를 고려하지만, 안디옥에 더 많은 비중을 둔다.[25] 하지만 블랭크는 '열두 제자'에 대한 언급이 안디옥보다는 예루살렘을 가리킨다고 제안한다. 왜냐하면 이 사도 그룹은 예루살렘에서 중요한 역할을 했기 때

---

20) Jeremias, *The Eucharistic Words*, 103.
21) H. Conzelmann, "On the Analysis of the Confessional Formula in 1 Corinthians 15:3-5," *Int* 20 (1965): 15-25. 또한 Conzelmann, *1 Corinthians*, 251-54도 보라. 콘첼만에 의하면, "성경대로 그리스도께서 우리 죄를 위하여 죽으셨다"와 "성경대로 사흘만에 다시 살아나셨다"는 병행 구성은 단지 70인역의 형식을 가리킬 뿐이다. 반드시 원래적인 히브리 언어를 가리키는 것은 아니다. 수동태 egēgertai("그는 일으켜졌다")와 단어 ōphthē("그가 보였다")도 70인역에서 유래했을 것이다.
22) Jeremias와 Conzelmann의 대화에 대한 논의를 위해서는 Kloppenborg, "An Analysis," 351-97을 보라.
23) M. Hengel, *Between Jesus and Paul* (Philadelphia: Fortress, 1983), 33-39.
24) Conzelmann, *1 Corinthians*, 252.
25) Kloppenborg, "An Analysis," 357.

문이다.[26]

크라머와 콘첼만이 제안한 것처럼, 이 고백문이 원래는 더 단순하고 짧았는지, 즉 단지 "그리스도는 죽었고 부활했다"(롬 4:25; 8:34; 14:9 참조)만으로 구성되었던지는 그리 확실하지 않다.[27] 복음서들에서 분명하게 드러나는 것처럼, 부활은 예수가 죽음 이후에 나타났다는 현현 이야기들로 분명히 지원을 받았을 것이다. 그리고 그렇게 했을 경우에는 대칭과 대구를 맞추기 위해서 예수의 죽음과 관련해서 그의 매장을 언급할 필요가 있었을 것이다.

고린도전서 15장에서 진술하는 이 고백문을 바울은 언제 전해 받았을까? 그리고 이 고백문은 얼마나 오래되었을까? 이 두 질문은 동일한 질문이 아니다. 우리는 바울이 고린도에 맨 처음 왔을 때인 주후 52-53년경에 이 고백문을 사용한 것은 알고 있다. 하지만 "내가 받은 것을…너희에게 전하였노니"(3절)라는 말은 그가 그때 전해준 전승은 그가 그 이전에 전해 받은 것임을 밝혀준다. 그런데 그때가 언제인가? 뒤로 거슬러 올라갈 때, 우리는 단지 추측할 수밖에 없다. 마틴 디벨리우스(Martin Dibelius)는 바울은 이 고백문을 그가 회심했을 때 또는 늦어도 그가 선교사가 되었을 때, 그러니까 1세기의 30년대에 전해 받았을 것이라고 주장했다. 그는 이 전승을 다메섹 또는 안디옥에서 전해 받았을 것이다.[28] 하지만 이 전승 자체는 그보다도 더 오래된 것이었다. 왜냐하면 이것이 그때에 바울을 위해서 작성되었을 가능성은 거의 없기 때문이다.

3b-5절의 신앙고백문은 그리스도에 대해서 네 가지를 진술한다. 그의 죽음, 그의 매장, 그의 부활, 그의 현현이다. 학자들은 "장사지낸 바 되셨다"는 진술은 예수의 죽음의 실제를 뒷받침하고, "게바에게 보이시고 후에 열두 제자에게"라는 진술은 그의 부활의 실제를 뒷받침한다는 데에 동의한다. 이 두

---

26) Blank, *Paulus und Jesus*, 140. 하지만 Conzelmann, "On the Analysis," 22를 보라.
27) Conzelmann, "On the Analysis," 21-22. Kramer, *Christ, Lord, Son of God*, 338.
28) M. Dibelius, *From Tradition to Gospel* (New York: Scribner, 1971), 20.

진술은 각각 앞의 진술(죽음과 부활-역주)이 없이는 아무런 가치도 없기 때문에, 이 두 진술은 원래부터 독립적으로 존재하지 않았다. 그러니까 크라머가 생각하는 것처럼 현재의 고백문은 모자이크처럼 한 조각 한 조각이 모아진 것이 아니다.[29] 뒷받침하는 진술들은 다소간 나중에 첨가되었을 가능성도 있기는 하지만, 부활 현현 이야기들은 그랬을 것 같지 않다. 만약에 후자(부활 현현 이야기들-역주)가 고백문의 시작 단계부터 있었다면, 예수가 매장되었다는 전자도 역시 그때부터 있었을 것이다. 고백문의 균형과 패턴이 그것을 요구했을 것이다.

3) 법적 구속력이 있는 메시지

이 신앙고백문은 단순히 예수가 죽고 부활했다는 사실(facts)을 말해줄 뿐만 아니라 우리가 이 사실을 어떻게 이해해야 하는지도 말해 준다. 이 고백문은 많은 설명적인 표현들을 갖고 있는데, 교회는 이 표현들을 통해서 이 사건들에 대한 올바른 이해를 확보했다. 블랭크는 이 고백문에 들어 있는 '그리스도,' '우리 죄를 위하여,' '성경대로,' '사흘만에' 등의 신학적인 수식표현들(qualifiers)에 주목했다.[30]

이 고백문에 들어 있는 네 진술의 주제인 '그리스도'의 의미에 대한 논의가 이루어지고 있다. '그리스도'가 여기서는 정관사 없이 사용되고 있다. 바울 서신에서 정관사 없는 '그리스도'는 항상 그런 것은 아니지만 일반적으로 '예수'와 같은 고유한 이름으로 사용된다. 하지만 결정적인 용법은 바울의 용법이 아니라 이 고백문을 형성한 초기 교회의 용법이다. 초기 교회에서 '그리스도'는 메시아를 의미했을 것이다. 예레미아스에게는 '그리스도'가 이 고백문의 셈어적 기원을 보여 주는 표시 중의 하나이다. 하지만 그의 랍비자료들에

---

[29] Kramer, *Christ, Lord, Son of God*, 2-8.
[30] Blank, *Paulus und Jesus*, 143-70.

대한 분석은 이 자료들이 더 후대의 것이기 때문에 학자들의 호응을 받지 못했다. 초기 교회에게는 '그리스도'는 메시아적 의미를 갖고 있었다. 닐스 달(Niels Dahl)과 블랭크에 의하면, 초기 교회가 예수에게 '메시아' 칭호를 부여한 결정적인 요인은 예수의 설교 또는 부활이 아니라 그가 십자가의 죄패가 보여 주는 것처럼 로마인들에 의해서 '유대인의 왕'으로 십자가에서 처형당한 것이다.[31] 블랭크에 의하면, 이 처형은 유대인들의 고소와 분리해서는 이해될 수 없고 또 이 고소는 예수의 말씀 및 예루살렘 입성과 같은 상징적인 행동과 분리해서는 이해될 수 없다.[32]

이 고백문의 그리스도라는 단어는 바울과 고린도 교인들에게는 어떤 의미였을까? 바울은 그것을 여전히 전통적인 용법에 맞춰서 사용했을까? 클로펜보르그는 예수의 용법과 바울서신에서 나타나는 바울의 용법을 사용해서 이 문제를 해결하려고 한다. 클로펜보르그에 의하면, 예수는 아마도 이 칭호를 사용하지 않은 반면에 바울은 주로 관사 없이, 즉 고유한 이름으로 사용한다.[33] 그러나 이 주장은 그리 결정적이지 못하다. 만약에 이 초기 교회의 용법이 십자가의 죄패에서 생겨났다면, 예수가 이 칭호를 사용했느냐 사용하지 않았느냐―그의 상징적인 예루살렘 입성은 그가 이 칭호를 사용했다는 암시를 준다―는 여기서는 중요하지 않다. 복음서 저자들에 의하면, 제자들은 예수를 메시아로 인식했다. 누가에 의하면, 부활한 예수는 자신을 고난당해야

---

31) N. A. Dahl, "Eschatologie und Geschichte im Lichte der Qumrantexte," in *Zeit und Geschichte. Dankesgabe an Rudolf Bultmann zum 80. Geburtstag*, ed. E. Dinkler (Tübingen: Mohr Siebeck, 1964), 3-18, 특히 14. Blank, *Paulus und Jesus*, 144 각주 24.
32) Blank, *Paulus und Jesus*, 144-45. 공관복음서에 의하면, 예수에게서 그를 정죄할 대답을 이끌어낸 사람은 바로 대제사장이었다. 마가복음에 의하면, 예수는 베드로의 고백을 인정했다(막 8:30). 메시아 비밀은 단지 이 복음서에 들어 있는 보다 큰 비밀의 한 부분에 지나지 않는다. 이 비밀은 '하나님의 거룩한 자', '하나님의 아들', '그리스도'인 예수의 정체를 부인하지 않는다. 다만 이런 칭호들을 당분간 뒤로 미뤄 놓을 뿐이다. 예수의 장엄한 예루살렘 입성은 다윗의 나라를 외치는 대중의 환호 가운데 일어났다(막 11:10-11).
33) Kloppenborg, "An Analysis," 356. 그에 의하면, Christos는 관사 없이는 125번 나오고, 관사와 함께(with)는 롬 9:5; 15:3, 7; 고전 1:13; 10:4; 11:3; 12:12에만 나온다.

만 하는 메시아로 이야기했다(눅 24:26, 46). 또 고린도전서 15:3b의 그리스도가 고유한 이름이냐 아니냐를 바울의 용법에 근거해서 결정할 수도 없다. 왜냐하면 이 칭호는 바울이 인용하는 전승의 일부이기 때문이다. 게다가 바울의 용법은 일관적이지 않다. 보통은 이 이름을 관사 없이 사용하지만, 항상 그런 것은 아니다. 로마서 9-11장에서처럼, 그가 이 이름을 관사 없이 사용할 때도 그 의미는 보통 칭호적인 것이다. 즉 메시아이다. 이것은 바울이 "우리는 십자가에 못 박힌 그리스도(Christon)를 전하니 유대인에게는 거리끼는 것이요 이방인에게는 미련한 것이로되"라고 말하는 고린도전서 1:23에서도 마찬가지이다. 유대인들에게 걸림돌이 된다는 말은 오직 메시아의 십자가 죽음을 가리킬 뿐이다. 따라서 우리는 바울의 용법에 근거해서, 고린도전서 15:3b의 '그리스도'는 분명히 메시아적 색채가 없는 고유한 이름으로 사용된다고 결론내릴 수는 없다. 블랭크와 칼하이츠 뮐러(Karlheiz Müller)에 의하면, 우리는 여기에서 메시아적 의의를 제외시킬 수 없다.[34] 따라서 이 신앙고백문은 이 죽음이 유대인들과 초기 교회에게 가졌던 모든 의미에서 메시아의 죽음에 대해서 말한다. 즉 이 죽음은 스캔들을 야기한 메시아의 죽음이었다. 이 고백문은 이 죽음이 갖고 있는 구원하는 의의 측면에서 묘사한다.

4) '우리 죄를 위하여'

'우리 죄를 위하여'는 그리스도의 죽음이 갖고 있는 구원하는 의의(saving significance)를 강력하게 주장한다. 블랭크에 의하면, 메시아가 죽었다는 진술이 십자가 스캔들의 전모를 말해 주었다. 그리스도의(메시아의) 죽음은 "유대

---

34) Blank, *Paulus und Jesus*, 144-45. "이것이 관심을 갖는 것은 단순히 나사렛 예수라는 사람의 죽음이 아니라 메시아의 죽음이다. 보다 더 정확하게 말하자면, 그리스도가 모든 사건의 주체이기 때문에, 이것은 메시아에게 관심을 갖고 그를 다루는 사건에 대한 것이다." K. Müller, "1 Kor 1,18-25, Die eschatologisch-kritische Funktion der Verkündigung des Kreuzes," *BZ* 10 (1966): 246-72.

인에게는 거리끼는 것"(고전 1:23)이었다. 하지만 '우리 죄를 위하여'는 이 죽음에 구원의 의의를 부여한다. 이것은 초기 교회에서 많이 인용된 본문인 이사야 53장을 가리킬 수도 있다. "그가 살아 있는 자들의 땅에서 끊어짐은…내 백성의 허물 때문이라"(사 53:8). 이사야 53장의 구원의 의의는 특히 5절에서 잘 드러난다. "그가 징계를 받으므로 우리는 평화를 누리고 그가 채찍에 맞으므로 우리는 나음을 받았도다." 바울은 자기가 고린도전서 11:24에서 인용한 성만찬 양식으로부터 이 의미를 알고 있었다. "이것은 너희를 위하는 내 몸이다." 복음서 이야기들에 의하면(마 26:28; 막 14:24; 눅 22:19-20), 이 해석은 예수가 직접 말한 것이었다. 이것은 초기 교회가 작성한 것도 아니고 메시아의 죽음을 스캔들로 간주하는 유대교에서 유래한 것도 아니다. 이 이해는 바울서신에서도 종종 나타난다. 로마서 3:24-25에서 바울은 "하나님이 그의 피로써…화목제물로 세우신…그리스도 예수 안에 있는 속량"에 대해서 말한다. 로마서 5:6에서 그는 다른 사람들을 위해서 자기 목숨을 기꺼이 내어준 그리스도에 대해서 말한다. "우리가 아직 연약할 때에 기약대로 그리스도께서 경건하지 않은 자를 위하여 죽으셨도다." 8절에서 그는 우리를 위하는 하나님의 사랑에 대해서 말한다. "(그 사랑으로) 우리가 아직 죄인되었을 때에 그리스도께서 우리를 위하여 죽으셨다"(롬 8:32 참조). 그리고 고린도후서 5:21에서 그는 "하나님이 죄를 알지도 못하신 이를 우리를 대신하여 죄로 삼으신 것은 우리로 하여금 그 안에서 하나님의 의가 되게 하려 하심이라"고 말한다(고후 5:14; 갈 1:4; 3:13 참조). 바울에 의하면, 이 모든 본문은 그리스도가 아버지의 뜻에 따라 우리 죄를 위하여 죽었다고 말한다. 이 모든 본문에는 그리스도의 사랑과 아버지의 사랑이 둘 다 끊임없이 언급된다. 바울은 자기를 내준 그리스도와 하나님의 뜻에 대해서 이야기한다.

이렇게 바울은 그리스도의 죽음이 갖는 구원하는 효력(saving effect)을 그리스도 자신에게 또는 우리를 위해서 당신의 아들을 희생시키신 아버지에게 돌릴 수 있다. 즉 그리스도는 아버지의 뜻에 따라 행한다. 이 모든 본문은 심판보다는 오히려 그리스도의 사랑과 하나님의 사랑을 강조한다.

5) '성경대로'

이 표현은 그리스도의 죽음과 부활에 사용되고 있다. 우리는 이 독특한 표현이 바울의 것이 아님을 살펴보았다.[35] 그리스도의 죽음과 그리스도의 부활은 둘 다 예견되었다. 즉 교회 전승은 두 사건이 성경에 예언되어 있다고 보았다. 이것은 마가복음 8:31, 9:31, 10:33-34에 나오는 예수의 고난, 죽음, 부활에 대한 삼중 예언에서 발견된다. 이 세 본문은 그리스도가 '반드시' 고난을 받고 죽임을 당하고 부활하여야만 한다고 강력하게 주장한다.

세 번째 예언에서 누가는 마가복음 10:33-34을 재진술하면서 예언자들이 이것에 대해서 기록했다고 말한다(눅 18:31). 누가의 부활 이야기들에서는 부활한 예수가 직접 엠마오로 가는 두 제자에게 성경을 풀어 주면서 가르쳐 준다. "이에 모세와 모든 선지자의 글로 시작하여 모든 성경에 쓴 바 자기에 관한 것을 자세히 설명하시니라"(눅 24:27). 예수는 이 모든 것을 예루살렘에 모인 제자들에게 반복한다. "내가 너희와 함께 있을 때에 너희에게 말한 바 곧 모세의 율법과 선지자의 글과 시편에 나를 가리켜 기록된 모든 것이 이루어져야 하리라 한 말이 이것이라"(눅 24:44). 사도행전 2:23에서 베드로는 무리에게 시편 15:8-11과 13:35을 언급하면서 그들이 예수를 "하나님께서 정하신 뜻과 미리 아신 대로" 내주었다고 말한다. 사도행전 3:18, 24에서 베드로는 하나님이 "자기의 그리스도께서 고난받으실 일을 미리 알게" 하셨고 또 "사무엘 때부터 이어 말한 모든 선지자도 이때를 가리켜" 말했다고 주장한다. 아그립바왕과 로마총독 앞에서 행한 그의 변호에서 바울은 자기는 "선지자

---

35) 바울은 '성경에'(롬 1:2), '성경이 말한다'(롬 4:3 등), '기록된 바'(kathōs, 롬 1:17; 2:24 등) 등을 사용한다.

들과 모세가 반드시 되리라고 말한 것…곧 그리스도가 고난을 받으실 것과 죽은 자 가운데서 먼저 다시 살아나사 이스라엘과 이방인들에게 빛을 전하시리라"(행 26:22-23)는 것만 말한다고 단언한다.

블랭크에 의하면, '성경대로'라는 표현은 이사야 53장을 가리킨다. 이 장에는 하나님의 뜻에 따라 다른 사람들을 위해서 고난을 당하고 죽은 후에 다시 살아나는 종에 대한 언급이 나온다.[36] 이사야 53:5, 8, 11, 12을 보면, 종은 우리 죄악을 위하여 상처를 입고 억압과 저주를 당했다. 종은 "살아 있는 자들의 땅에서 끊어졌고," "그의 무덤이 악인들과 함께 있었으며 그가 죽은 후에 부자와 함께 있었다." 이사야 53:10-15은 종이 죽은 후에도 살았다고 말한다. "그의 영혼을 속건제물로 드리기에 이르면 그가 씨를 보게 되며 그의 날은 길 것이요…그가 자기 영혼의 수고한 것을 보고 만족하게 여길 것이라." 이사야 52:13에 의하면, 그는 "형통하리니 받들어 높이 들려서 지극히 존귀하게 될" 것이다.

이렇게 우리는 고린도전서 15:3b-4에서 언급되는 모든 요소를 이사야 52:13에서 발견하게 된다. 이사야에 대한 언급은 히브리서 9:28, 10:10, 베드로전서 1:21, 3:9 등에도 나타난다. 하지만 복음서와 사도행전에는 나타나지 않는다. 콘첼만과 피는 고린도전서 15장에서 전반적인 성경에 대한 언급을 보는 반면에, 블랭크는 특별히 이사야에 대한 언급일 것이라고 생각한다.[37]

6) '사흘만에'

이 시간 언급(time reference)은 예수의 부활에 대해서 무엇을 말해 주는가? 예수의 죽음 이후부터 빈 무덤을 발견할 때까지 흐른 시간에 대한 역사적

---

36) Blank, *Paulus und Jesus*, 146.
37) Conzelmann(*1 Corinthians*, 255)과 Fee(*The First Epistle to the Corinthians*, 725)는 고전 15장에 나오는 언급은 성경 전체에 대한 것이라고 생각하지만, 특정 성경구절에 대한 언급도 배제하지는 않는다. Blank, *Paulus und Jesus*, 146을 보라.

인 회상인가? 나름대로 고유한 의미를 갖고 있는 성경적인 언급인가? 부활만 가리키는가 아니면 '성경대로'도 가리키는가? 마가복음에 나오는 수난, 죽음, 부활 예언들에서는 '삼 일 후에'(after[meta] three days)라는 표현이 사용되는 반면에(막 8:31; 9:31; 10:34), 마태와 누가는 '사흘만에'(on the third[tritē] day)를 사용한다(마 16:21 par 눅 9:22; 마 17:23; 마 20:19 par 눅 18:33). 이 두 표현 사이에 별다른 의미 차이는 없어 보인다.[38] 거짓 증인들에 의하면, 예수는 "손으로 지은 이 성전을 내가 헐고 손으로 짓지 아니한 다른 성전을 사흘 동안에(in[dia] three days) 지으리라"(막 14:58)고 말했다. 마태복음 27:64을 보면, 대제사장들은 빌라도에게 무덤을 '사흘까지'(until[heōs] the third day) 지켜줄 것을 요구한다. 이 모든 표현들은 다 동일한 의미를 갖고 있는 것으로 보인다. 레만(K. Lehmann)에 의하면, 70인역은 동일한 셈어적 숙어를 번역하면서 '사흘만에'와 '삼 일 후에'를 전혀 구분하지 않는다.[39] 예수의 부활과 관련하여 '사흘만에'와 '삼 일 후에'를 구분하는 것은 아마도 복음서 저자들이 사용한 다양한 전승에서 기인하는 것 같다. 이 시간 언급들의 대부분은 예수의 입에서도 발견되며 그의 죽음과 부활에 대한 그 자신의 이해를 보여 준다. 예수는 이것을 문자적으로 사용했는가 아니면 상징적으로 사용했는가?

복음서들의 빈 무덤 발견 이야기는 '삼 일'과 관련된 언급은 사용하지 않는 반면에, 그들 나름대로 고유한 시간 언급을 갖고 있다. 그들은 예수의 죽음의 시간과 빈 무덤의 발견의 시간을 언급한다. 하지만 그들은 예수의 죽음을 기준으로 시간을 측정하지는 않는다. 그렇지만 누가의 부활 이야기들에서는 부활한 예수가 모인 제자들에게 "이같이 그리스도가 고난을 받고 제삼 일에 죽은 자 가운데서 살아날 것"(눅 24:46)이라고 말한다. 게다가 예수는 여기에서 고린도전서 15:4에 나오는 전승이 그러는 것처럼, 이 시간 언급을 그의 죽

---

38) Blank, *Paulus und Jesus*, 153에 의하면, 마태와 누가는 마가의 형태를 개선했다.
39) K. Lehmann, *Auferweckt am dritten Tag nach der Schrift* (QD 38; Freiburg, Basel, Vienna: Herder, 1968), 165-67. 동일한 히브리 표현이 70인역에서는 별다른 의미 차이 없이 '사흘 만에' 또는 '삼 일 후에'로 번역된다(창 42:17-18; 출 19:11-16; 호 6:2).

음 및 부활에 대한 성경적인 설명과 연결시킨다.

하지만 만약에 이 시간 언급이 성경본문을 가리킨다면, 어떤 성경본문을 가리키는가? 그리고 이것은 어떤 의미를 갖고 있는가? 레만에 의하면, '사흘 만에'라는 표현은 원래는 분명한 시간적인 의의를 갖고 있지 않았다. 예수는 그의 고난과 죽음과 부활을 예언할 때에 이 표현을 상징적인 방식으로 사용했을 것이다. 그런데 후대의 전승이 그 예언들을 보다 상세하게 기술했다.[40] 70인역에서는 '사흘만에,' '삼 일 동안에,' '삼 일 후에' 사이에 아무런 의미 차이가 없다. 이 표현들은 정확한 시간 언급을 포함하고 있을 수도 있지만, 보통은 문맥에 따라서 짧은 시간 또는 긴 시간을 의미한다. 어떤 본문들에서는 '사흘'(the third day)은 더 나은 것을 향한 전환을 나타낸다. 사흘은 새로운 구원, 생명 또는 승리의 '시대'를 창조하는 하나님의 정의를 나타낼 수도 있다. 사흘은 한 결정적인 사건을 역사적인 해결책이 되게 한다.[41] 레만에 의하면, 신약성경 본문들에 특히 고린도전서 15:4에 적용된 것은 바로 이 마지막 의미이다.

어떤 학자들은 이 표현을 주님의 만찬을 안식일이 아니라 일요일에 행하기 시작한 것과 관련짓는다. 그것이 초기 교회의 관습이었을 것이다.[42] 버나드 린다스(Bernard Lindars)는 가까운 미래에 있을 민족부흥을 언급하는 호세아 6:2을 가리킨다.[43] "여호와께서 이틀 후에 우리를 살리시며 셋째 날에 우리를 일으키시리니 우리가 그의 앞에서 살리라." 초기 교회는 이 구절에서 임

---

40) Lehmann, *Auferweckt am dritten Tag*, 165-67.
41) Lehmann, *Auferweckt am dritten Tag*, 181.
42) Blank, *Paulus und Jesus*, 154 각주 40과 Lehmann, *Auferweckt*, 185-91을 보라. 레만은 H. Riesenfeld, "Sabbat et jour du Seigneur," in *New Testament Essays: Studies in Memory of T. W. Manson* (Manchester: Manchester University, 1959), 210-18, 특히 212에게 동의하는 경향을 보인다. 리젠펠트는 일요일은 원래 그리스도인들이 성전에서 기도한 후에 그들의 집에서 함께 먹었던 식사로 시작되었다고 제안한다. 이 식사는 안식일 저녁에, 즉 일요일에 시작되었다. 따라서 이것은 원래는 부활의 날과는 아무런 관련이 없었다.
43) B. Lindars, *New Testament Apologetic: The Doctrinal Significance of the Old Testament Quotations* (London: SCM, 1961), 59-72.

박한, 확실한, 기대되는 주님의 오심을 보았다. 누가복음 13:32에서 예수는 "오늘과 내일은 내가 귀신을 쫓아내며 병을 고치다가 제삼 일에는 완전하여지리라"고 단언한다. '오늘과 내일과 제삼 일'은 성취 이전의 짧은 시간을 가리킨다. 린다스에 의하면, 예수는 "자기의 죽음을 예견했지만, 결국에는 빠른 회생으로 끝날 것이라고 예언했다."[44] 이렇게 예수는 이것을 성경의 성취로 표시한다. 린다스에 의하면, 이 경우에 "문자적인 성취는 케리그마와 신앙 상징을 표현하는…신학적인 진술(theologumenon)이 된다."[45]

반면에 블랭크는 호세아 6:2은 이 사안과 관련해서는 인용된 적이 없다고 지적한다. 뿐만 아니라 시간적인 의미는 절대로 어떤 특정한 성경인용과 연관되지 않는다고 지적한다.[46] 하지만 이것은 과장된 주장이다. 누가복음 11:30(마 12:40)에는 요나에 대한 언급이 나오고 또 "그리스도가 고난을 받고 제삼 일에 죽은 자 가운데서 살아날 것"이라고 말하는 누가복음 24:46-47에는 성경에 대한 일반적인 언급이 나온다.

블랭크는 역사적인 의미 쪽으로 기울어진다. 이 의미는 엠마오로 가는 두 제자가 "이뿐 아니라 이 일이 일어난 지가 사흘째요"라고 말하는 누가복음 24:21에서 가장 분명하게 드러난다. 블랭크에 의하면, 이 연대기적인 해석이 가장 오래된 전승이며 이 해석을 초기의 오해로 결론지어 버릴 수는 없다. 성경적인 언급에 관한 한, 이사야 53장이 모든 요구조건을 충족시키는 반면에, 호세아 6:2은 여기에서 확실한 발판을 갖고 있지 않다. 블랭크에 의하면, '사흘만에'는 빈 무덤 발견을 가리킨다.[47]

그렇지만 우리가 이 두 가지 견해 중의 오직 한 가지만 취할 필요는 없다.

---

44) Lindars, *New Testament Apologetic*, 63.
45) Lindars, *New Testament Apologetic*, 72. 호 6:2에 대한 학자들의 견해 개관과 린다스에 대한 비판을 위해서는 Lehmann, *Auferweckt am dritten Tag*, 221-41을 보라.
46) Blank, *Paulus und Jesus*, 155. 블랭크는 요 2:1을 가리키는 마 12:40에 성경 언급이 들어 있다는 것을 인정하지만, 나중에 마태가 첨가한 것이라고 본다. Blank, *Paulus und Jesus*, 156.
47) Blank, *Paulus und Jesus*, 156.

정말로 빈 무덤의 발견 시간을 가리키는 역사적인 언급일 수도 있고 또 이것은 우연한 사고가 아니었다고 밝혀 주는 성경적인 언급(눅 24:46-47)일 수도 있다. 전승에 의하면, 시간은 하나님에 의해서 미리 정해져 있었다. '사흘만에'의 모든 시간적인 의미를 제거하는 레만의 견해는 일요일에 빈 무덤을 발견했다는 복음서 이야기들에 적절하지 않다.[48] 좀 더 적절한 것은 이 표현이 성전 파괴에 대한 예수의 은유적인 언급(막 14:58)과 누가복음 13:31-33에 나오는 헤롯에 대한 그의 응답에까지 거슬러 올라갈 것이라는 그의 고찰이다. 누가복음 11:30(마 12:40)에 나오는 요나에 대한 언급은 특별히 예수가 호세아 6:2 또는 이사야 53장이 아니라 전체 성경(the scriptures)을 상징적인 방식으로 언급했을 것이라는 또 다른 암시이다.[49]

한편 브루스 메츠거(Bruce Metzger)는 '성경대로'와 '사흘만에'를 서로 분리시켰다. 그에 의하면, 고린도전서 15:4은 예수가 성경대로 죽은 자들로부터 부활했으며 또 그 부활은 실제로 사흘만에 일어났다고 진술한다는 것이다.[50] 그러나 이 제안은 학자들에게 별다른 호응을 얻지 못했다.

7) 신학적인 수식표현들의 영향

고린도전서 15:3b-5에 나오는 이 신학적인 수식표현들은 무엇을 하고 있는가? 블랭크와 레만은 '그리스도'(메시아)가 죽음과 부활 둘 다의 주체임을 강조했다. 메시아의 구원하는 역할은 이렇게 그의 죽음과 부활을 통해서 표현된다. 부활한 자는 십자가에서 죽임을 당한 자이다. 그렇지만 스캔들은 아직도 남아 있다. 즉 어떻게 기름부음을 받은 자인 메시아가 십자가에서 죽임을 당할 수 있느냐는 것이다. 여기에서 제시된 것처럼, 예수의 죽음은 유대교에

---

48) Lehmann, *Auferweckt am dritten Tag*, 182.
49) Lehmann, *Auferweckt am dritten Tag*, 183.
50) B. Metzger, "A Suggestion Concerning the Meaning of I Cor. XV, 4b," *JTS* 8 (1957): 118-23. 이것과 관련해서 Lehmann, *Auferweckt am dritten Tag*, 243도 보라.

나오는 의로운 자(a just one)의 죽음과 같지 않다. 예수가 직접 이것을 제자들에게 성경을 가지고 설명해야만 했다. 레만에 의하면, 설명하는 길은 십자가에서 출발해서 성경으로 나아갔다. 하나님의 행동이 눈에 보이게 드러나게 된 것은 바로 십자가였다.[51]

두 성경 언급이 예수의 죽음과 부활의 불가분리적인 통일성을 뒷받침한다. 블랭크에 의하면, 종의 죽음과 그의 소생에 대해서 이야기하는 이사야 52장과 53장에 대한 언급이 이 통일성을 뒷받침한다.[52] 종은 "우리의 죄악 때문에 상했다"(사 53:5). 그는 "높이 들려서 지극히 존귀하게 될 것이다"(사 52:13). "그가 씨를 보게 되며 그의 날은 길 것이요 또 그의 손으로 여호와께서 기뻐하시는 뜻을 성취하리로다"(사 53:10).

레만과 블랭크 둘 다 메시아의 죽음과 부활이 가지고 있는 신학적인 능력을 강조한다. 에두아르트 로제(Eduard Lohse) 및 달(Dahl)에게 동의하면서, 레만은 초기 교회가 그들이 가지고 있던 유일한 언어인 성경을 특히 이사야 52장의 고난받는 종의 노래(the Suffering Servant song)를 사용했다고 주장한다. "우리 죄를 위하여"라는 표현은 이 단락에 뿌리를 두고 있다. 하지만 이 설명을 제공한 것이 이사야 53장 자체는 아니었다. 왜냐하면 이것은 특별히 기독교적인 이해였기 때문이다.[53] 이렇게 초기 교회 공동체는 완전히 새로운 메시아상인 성만찬 본문에 들어 있는 메시아상을 제시했다. 레만에 의하면, "오직 부활한 주님을 보는 믿음의 눈만이 성경을 완전히 새로운 빛으로 읽을 수 있었다."[54]

그러나 레만에 의하면, 이 기독교적인 메시아 이해는 더 이상 유대교적인 메시아 개념들과 완전하게 부합하지 않는다. 이 이해는 부활을 통해서 가능

---

51) Lehmann, *Auferweckt am dritten Tag*, 244.
52) Blank, *Paulus und Jesus*, 146.
53) Lehmann, *Auferweckt am dritten Tag*, 250.
54) Lehmann, *Auferweckt am dritten Tag*, 252.

해졌다.[55] 에리히 딩클러(Erich Dinkler)도 이 견해를 지지한다. 그에 의하면, "부활절 신앙에서 생겨난 십자가에 대한 긍정적인 이해는 메시아 칭호를 새로운 의미로 받아들였다…정치적인 메시아가 종말론적인 메시아가 되었다. 말로 표현하지 못하고 남아 있던 것은, 비록 십자가의 죽음을 통해서 얻은 승리일지라도, 기름 부음받은 자의 의기양양한 승리였다."[56]

이 고백문에서 전개된 그리스도의 정체(identity)는 전기적이고 역사적인 사실들의 종합 그 이상이다. 즉 고백문은 그리스도가 '우리 죄를 위하여' 죽었다고 단언하고 있다. 그리고 사흘 만의 부활은 단지 역사적인 진술일 뿐만 아니라 성경적인, 따라서 신학적인 단언이기도 하다. 이 고백문은 선포(proclamation)인 동시에 보고(report)이다. 즉 여기에서는 사실들이 그것들의 신학적인 의미와 강도(intensity)로 제시되어 있다.

레만에 의하면, 예수는 이 사건들의 수동적인 주체인 동시에 행동하는 주체이다. 왜냐하면 그는 이것을 하도록 강요당하지 않았기 때문이다. 바울은 그의 서신에서 예수가 우리를 위해서 자신을 포기했다고 말한다.[57] 그리스도의 십자가는 예수의 죽음이 갖고 있는 수동적이고 능동적인 차원을 표현하고 있다. 부활의 주체인 예수는 수동적-그는 죽은 자들로부터 일으켜졌다(하지만 살전 4:14을 보라)-반면에, 부활 현현 이야기들은 부활한 그리스도의 능동적인 자아 현시이다(하지만 행 10:10을 보라). 현현 이야기들은 예수가 부활했다고 알려 준다. 마르크센의 경우처럼, 그것들은 단순히 환상(visions)이 아니다. 그것들은 부활절 사건들의 실제와 선포 사이에 필요한 연결고리를 제공한다. 하인리히 슐리어(Heinrich Schlier)가 말했듯이, 부활 사건들은 부활한

---

55) Lehmann, *Auferweckt am dritten Tag*, 255-56. 새로운 의미는 유대적인 메시아 개념에서 유래할 수도 없고, 심지어는 예수의 선포에서 유래할 수도 없다. 결정적인 요소는 십자가의 죄패와 부활 사건이었다.

56) E. Dinkler, "Petrusbekenntnis und Satanswort. Das Problem der Messianität Jesu," in *Zeit und Geschichte. Dankesgabe an Rudolf Bultmann zum 80. Geburtstag* (Tübingen: Mohr Siebeck, 1964), 127-53, 특히 148.

57) Lehmann, *Auferweckt am dritten Tag*, 320-24.

예수의 현현 이야기들을 통해서 자신들을 세상과 인간 역사에 개방한다.[58)]

따라서 불트만의 경우처럼, 예수의 부활이 개인적인 책임의 문제라는 의미에서 '언어 사건'(word-event) 또는 '믿음 사건'(faith-event)으로 축소될 수는 없다.[59)] 이 사건들의 주체는 그리스도이다. 그와 하나님의 관계를 '그리스도'로 부적절하게 표현할 수밖에 없는 참된 사람(a real person)이다. 바울은 "그리스도께서 다시 살아나신 일이 없으면 너희의 믿음도 헛되고 너희가 여전히 죄 가운데 있을 것이요"(고전 15:17)라고 말한다. 부활의 실제는 믿음의 구원하는 효력을 보증하기 위해서 절대적으로 핵심적인 것이다. 블랭크가 말한 것처럼, 케리그마는 선포, 믿음, 교회의 궁극적인 근거가 아니다. 왜냐하면 그것은 부활한 자의 실제에 뿌리를 두고 있기 때문이다. 슐리어를 인용하면서 블랭크는 "부활한 자는 증인들 앞에 현현하는 것을 통해서 말 속으로 그렇게 함으로써 언어와 문장 속으로 이동한다. 신약성경과 바울에게는 예수 그리스도가 죽은 자들로부터 부활한 것이 역사와 지나가는 세상 속에 숨겨져 있는 진리를 드러내 주는 궁극적이고 적절한 계시라는 것이 분명하다."[60)]

2. 첨부의 목적: 고린도전서 15:6-11

고린도전서 15:6-11에서 바울은 부활한 그리스도의 현현 이야기들을 첨부한다. 우리는 이제 패턴이 변하는 것을 보게 된다. 앞의 고백문처럼 다른 동사들을 요구하는 다른 주장들을 펼치는 대신에, 바울은 이제 '그가 나타났다'는 똑같은 동사를 사용하면서 그리스도의 현현의 반복에 대해서 이야기하고 있다.

---

58) H. Schlier, *Über die Auferstehung Jesu Christi* (Einsiedeln: Johannes Verlag, 1968).
59) Bultmann, *Lehmann, Auferweckt am dritten Tag*, 325에서 인용.
60) Blank, *Paulus und Jesus*, 160.

그 후에 오백여 형제에게 일시에 보이셨나니 그중에 지금까지 대다수는 살아 있고 어떤 사람은 잠들었으며 그 후에 야고보에게 보이셨으며 그 후에 모든 사도에게와 맨 나중에 만삭되지 못하여 난 자 같은 내게도 보이셨느니라 나는 사도 중에 가장 작은 자라 나는 하나님의 교회를 박해하였으므로 사도라 칭함 받기를 감당하지 못할 자니라 그러나 내가 나 된 것은 하나님의 은혜로 된 것이니 내게 주신 그의 은혜가 헛되지 아니하여 내가 모든 사도보다 더 많이 수고하였으나 내가 한 것이 아니요 오직 나와 함께하신 하나님의 은혜로라 그러므로 나나 그들이나 이같이 전파하매 너희도 이같이 믿었느니라.

우리는 이 언어의 대부분이 바울에게서 유래한다는 것을 살펴보았다. 그의 손길은 6절의 "그중에 지금까지 대다수는 살아 있고 어떤 사람은 잠들었으며"라는 부연설명에서 분명하게 드러난다. 머피-오코너에 의하면, 6절 전체에서도 명백하게 드러난다.[61] 8절부터는 바울 자신이 본 부활한 그리스도의 환상에 대해서 이야기한다.

대부분의 학자들에 의하면, 이 부분은 바울에게서 유래하며 그의 원래의 선포에는 포함되지 않았다. 이 부분은 바울이 고린도의 현재 상황에 대처하려고 구성한 그의 고유한 특별(ad hoc) 구성이다. 여기에는 전승과 그의 고유한 관찰이 포함되어 있다. 불트만은 바울이 여기에서 예수의 부활의 실제를 확증하기 위해서 부활한 그리스도의 다양한 현현 이야기를 언급하고 있다고 인정했다. 그러나 불트만은 부활에 대한 이 역사적인 뒷받침을 '치명적인' 잘못으로 보고 거부했다. 불트만에 의하면, 믿음(faith)은 역사적인 실제에 근거를 둘 수도 없고 두어서도 안 된다. 그의 견해에 의하면, 그리스도의 몸은 무덤에서 썩었다. 불트만에 의하면, "십자가와 부활이 현재적이 되는 것은" 바로 바울의 설교를 통해서였다. "성 바울은 매개자이다. 부활 생명은 그를 통해서 신자들 안에서 효력을 갖게 된다(고후 4:12)."[62] 이 해석에서 그리스도의

---

61) Murphy-O'Connor, "Tradition and Redaction," 585-86.
62) R. Bultmann, "New Testament and Mythology," in *Kerygma und Myth*, ed. C. F. D.

부활은 단지 은유일 뿐이다. 여기에서 우리는 무엇이 믿음에 적절한가에 대한 한 신학적이고 철학적인 전이해(preunderstanding)를 발견한다. 이 절대적인 전이해를 가지고, 불트만은 바울을 수정할 뿐만 아니라 예수 그리스도에 대한 믿음을 장려하기 위해서 하나님이 무엇을 하셔야만 하는지를 하나님께 명령하기까지 한다.

울리히 빌켄스(Ulrich Wilckens)는 이 현현 이야기들의 일차적인 목적은 예수의 부활을 확증하는 것임을 부인하지 않는다. 그렇지만 이것이 그것들의 '유일한 역할'이었는지를 묻는다. 그는 바울에게 있어서 예수의 현현은 또한 '사도 소명(calling)과 권위부여'였다고 주장한다. 빌켄스에 의하면,

> 부활한 예수의 현현을 목격했다는 것은 그 일을 경험한 당사자에게 단지 그가 예수 부활 사건의 증인이 되었다는 것뿐만 아니라 그와 동시에 그런 증인으로서 또한 교회 안에서 특별한 권위도 부여받았다는 것을 의미했다. 부활한 예수의 현현 이야기들을 이해하는 데 있어서 예수의 현현, 예수의 부활에 대한 증언, 증인의 정당화, 부활한 예수에 대한 선포위임 등은 분명히 하나의 전체를 이루었다.[63]

하지만 고린도전서 15:6에 언급된 오백 명도 더 되는 그룹에게 또는 막달라 마리아에게(요 20:11-18) 또는 무덤가의 여인들에게(마 28:9-10) 또는 엠마오로 가는 두 제자에게(눅 24:13-35) 어떤 정당화가 이루어졌다는 것인지 의아스럽다. 이들 가운데 그 누구도 부활한 주님을 만난 바울이 갖고 있던 표(mark)를 갖고 있지 않다. 바울 자신은 고린도전서 15:8-11에서 그의 소명을 정당화한다기보다는 그의 선포를 정당화한다. "맨 나중에 만삭되지 못하여 난 자

Moule (London: SPCK, 1953), 1-44, 특히 43.
63) U. Wilkens, "The Tradition History of the Resurrection of Jesus," in *The Significance of the Message of the Resurrection for Faith in Jesus Christ*, ed. C. F. D. Moule (London: SCM, 1968), 51-76, 특히 59.

같은 내게도 보이셨느니라 나는 사도 중에 가장 작은 자라…사도라 칭함받기를 감당하지 못할 자니라 그러나 내가 나 된 것은 하나님의 은혜로 된 것이니"(8-10절). "그러므로 나나 그들이나 이같이 전파하매 너희도 이같이 믿었느니라"(11절). 고린도의 상황은 바울의 권위에 대한 확증을 요구한 것이 아니라 예수의 부활에 대한 믿음의 회복을 요구했다. 바울은 여기에서 자신의 권위를 확증하는 대신에 교회의 선포에 대한 그의 동의에 초점을 맞춘다.[64]

3. 다양한 견해

우리는 불트만과 빌켄스의 견해를 다루었다. 마르크센은 불트만의 입장을 변형시킨다. 마르크센에게 있어서, 빌켄스의 해석은 이 일을 시작하는 반가운 출발이었다.

마르크센은 빌켄스의 주장을 취해서 그것을 모든 부활 현현 이야기로 확대한다. 모든 현현 이야기는 단지 초기 교회에서 권위를 정당화하는 기능만 갖고 있었다. 마르크센은 그리스도의 죽음 이후의 현현 이야기들에 역사적인 가치를 부여하는 반면에, 그 이야기들을 그리스도의 부활과는 분리시킨다. 즉 그 이야기들은 예수의 부활을 계시하지 않는다는 것이다. 이 현현 이야기들은 실제로 환상이다. 이 환상들에서 제자들은 예수가 죽은 자들로부터 부활한 것이 틀림없다는 결론에 도달했다. 제자들은 하나님이 예수를 부활시키신 것이 틀림없다는 판단을 내렸다. 그는 부활했다.[65] 그러나 마르크센은 이 결론이 꼭 필요했던 것도 아니고 오늘날에도 필요하지 않다고 강조한다.

---

64) 갈 1:13-17과 같은 다른 상황에서는 바울도 하나님의 소명에 호소할 수 있다. 하나님은 그에게 당신의 아들을 계시하는 가운데 그를 부르셔서 그가 이방인들에게 그 아들을 선포하게 하셨다. 그러나 여기에서도 일차적인 것은 그리스도의 계시이고 소명은 그 다음이다.

65) W. Marxsen, "The Resurrection of Jesus as a Historical and Theological Problem," in *The Significance of the Message of the Resurrection for Faith in Jesus Christ*, ed. C. F. D. Moule (London: SCM, 1968), 15-50, 특히 40.

한편으로 우리가 역사적인 근거들 위에 확립할 수 있는 것은 사건들 자체가 아니라 단지 이 증인들의 묘사들뿐이다. 다른 한편으로 신자들은 이제 "예수는 내 믿음을 통해서 내 안에 있고 내 안에서 산다. 예수는 내 믿음 속으로 '부활했다'"고 말할 것이다. 부활 현현 이야기들은 부활한 그리스도를 객관적이고 역사적인 사실(fact)로 증명해 주지 않는다. '역사적인' 고찰은 증인들이 그들의 환상에서-이 환상들은 분명히 실제로 일어난 것이었다-신의 전달(communication) 또는 계시를 받았다고 단정적으로 주장할 수 없다. 현현 이야기들의 기능은 선포자들에게 예수가 부활했다는 지식과 그와 관련된 모든 것을 알려 주는 것이라기보다는 그들에게 정당성을 부여하는 것이었다. 우리는 이미 예수의 부활 현현 이야기들을 이 특수한 기능으로 축소시킬 수 없다는 것을 살펴보았다. 비록 그것들이 실제로 그런 '정당화'를 포함하고 있다고 하더라도 그것들은 또한 부활한 예수의 자기 계시도 포함하고 있다.

마르크센의 뒤를 좇아 가톨릭학자인 루돌프 페쉬(Rudolf Pesch)도 부활 현현 이야기들은 정당성을 부여하는 이야기였다는 데에 동의한다.[66] 그러나 제자들은 예수의 죽음 이후의 환상들에서 "그는 죽은 자들로부터 부활했다"는 결론을 내렸다고 보는 마르크센의 견해에는 동의하지 않는다.[67] 페쉬에 의하면, "예수는 죽은 자들로부터 부활했다"는 주장은 만일 이 주장이 합리적인 설명으로 뒷받침되지 않으면 단지 주관적인 재확인에 불과하다. 예수의 제자들은 예수에게 생긴 일을 설명하기 위해서 아마도 세례 요한에 대한 전승들, 박해당하는 종말 예언자에 대한 전승들, 엘리야와 에녹에 대한 전승들을 사용했을 것이다. 예수의 십자가 죽음과 관련해서 기독교 전승이 예수는 죽은 자들로부터 부활했다고 선포하면서 사람들을 회심과 믿음으로 부른 것은

---

66) R. Pesch, "Zur Entstehung des Glaubens an die Auferstehung Jesu," *TQ* 153 (1973): 201-28. 이 글은 1972년 6월 2일에 튀빙엔대학교 초청강연에서 발표되었다.

67) R. Pesch, "Zur Entstehung des Glaubens and die Auferstehung Jesu. Ein neuer Versuch," *Freiburger Zeitschrift für Philosophie und Theologie* 30 (1983): 72-98, 특히 82-83.

바로 이 전승들의 덕분이었다.[68] 그것들을 가지고 그들은 인자, 메시아, 주, 하나님의 아들인 그의 파송과 종말론적 권위의 정당성을 주장했다. 그러나 이것은 예수의 부활 현현 이야기들에 근거해서 주장되지 않고 그들이 나사렛 예수로부터 이해한 것에 근거해서 주장되었다. 제자들의 믿음은 그들이 예수가 죽임을 당하기 전에 그와 함께 생활하던 동안에 생겨났다.

하지만 주관적인 경험은 누가복음과 요한복음에서는 배제되었다. 누가에 의하면, 제자들은 무덤이 정말로 비어있다는 것을 확인할 때까지는 그 빈 무덤에서 돌아온 여인들이 헛소리(tales)를 하고 있다고 생각했다(눅 24:11). 여인들이 발견한 빈 무덤과 그들이 들은 천사의 증언은 엠마오로 가는 두 제자에게 예수는 죽은 자들로부터 부활했다는 믿음을 갖게 하지 못했다. 오히려 그들은 "하지만 그들은 그를 보지 않았다"(눅 24:24)고 이의를 제기했다. 부활한 예수가 오해할 수 없는 표식을 가지고 자신을 두 사람에게 계시했을 때 그들은 믿었고 어떤 일이 일어났는지를 나머지 제자들에게 보고했다(눅 24:13-35). 누가에 의하면, 베드로의 증언에 근거해서 예수가 죽은 자들로부터 부활한 것을 이미 믿고 있던 제자들도 그들 가운데서 그의 실제적인 현존을 확증해 주는 부활한 예수를 직접 보았다. 동일한 확증이 도마를 포함하여 모여 있던 제자들에게 나타난 예수의 현현 이야기에서도 기술되어 있다(요 20:24-29). 예수가 오백 명도 더 되는 형제들과 모든 사도들에게 나타났다는 고린도전서 15:6의 단언을 주관적인 경험으로 보기는 어렵다. 고린도전서 15:6-11에 나열된 다중의 현현 이야기들도 주관적인 경험을 배제시킨다.

페쉬는 부활절 신앙의 발생에 대한 이 이해를 1980년에 프라이부르크(Freiburg)과 1981년에 스위스의 프리부르그(Fribourg)에서 한 취임강연에서 철회했다. 그는 환상들에서 인자가 증인들에게 나타났고 그들에게 자기의 말로 자기의 부활 약속의 성취를 이야기했다고 주장했다. 승귀된 예수의 이

---

68) Pesch, "Zur Entstehung des Glaubens"(1973): 225; "Ein neuer Versuch"(1983): 83-84.

현현들은 오직 믿음으로만 감지되는 소명(calls)이었다. 이 환상들은 한편으로는 사람의 상상의 산물인 동시에 또한 전적으로 하나님의 작품이다. 제자들에게 주어진 예수의 말들과 그의 현현들, 이 둘 모두 부활절 신앙의 발생을 가능하게 했던 미리 주어진 선물(Vorgabe)이었다.[69]

슐리어와 블랭크는 예수의 부활은 하나님의 절대적인 신비 가운데 일어났다고 주장한다. 이 부활은 발생하면서 알려지게 되는 세상의 다른 사건들과 같은 사건이 아니다. 그런 사건일 수 없다. 예수의 부활은 특별한 행위를 통해서, 예수의 자기 계시들을 통해서, 하나님의 아들 계시를 통해서 알려지고 전달되어야만 했다(갈 1:16; 행 10:41). 슐리어는 예수의 현현을 단순한 환상으로 보는 마르크센의 설명을 반박한다. 왜냐하면 그런 설명은 현현을, 바울이 경험한 다른 환상적인 경험들-예를 들면, 고린도후서 12:1-4 또는 사도행전 22:17-21에 나오는 것들-과 같은 수준에 놓기 때문이다. 이런 경험들은 절대로 바울의 선포의 근거가 아니었다. 갈라디아서 1:16에서 바울은 하나님이 그에게 당신의 아들을 '계시하셨다'고 주장한다. 고린도전서 15:5-11 및 다른 곳에서 사용된 '나타났다'(appeared, ōphthē)라는 단어는 훨씬 더 많은 것을, 즉 말과 몸짓으로, 인사와 축복으로, 가르침과 깨우침과 권한부여로 이루어지는 전달(communication)을 시사한다. 즉 부활한 예수를 보는 것은 또한 듣는 것이고, 받는 것이고, 공유하는 것이다. 슐리어는 그의 몸은 무덤에서 썩은 반면에 예수는 선포 속으로 '부활했다'는 마르크센과 불트만의 주장도 반박한다. 그런 주장은 선포 자체를 예수의 부활만큼 놀라운 기적으로 만들 것이다. 그러나 어떤 근거로? 그리고 누가 선포의 임무를 주었고 선포할 권한을 주었는가? 슐리어에 의하면, 예수가 제자들에게 그의 부활을 알리고 그들에게 선포의 임무를 준 것은 바로 부활 현현들을 통해서였다.[70]

블랭크에 의하면, 예수는 그의 부활을 통해서 하나님의 절대적인 신비 속

---

69) Pesch, "Ein neuer Versuch," 87.
70) H. Schlier, *Über die Auferstehung*, 40-41.

으로 들어갔다. 그의 현현들은 역사상의 다른 현현들과 같지 않다. 그의 현현들은 그가 그것들을 통해서 그의 현존을 사람들에게 알려 주었던 특별한 행위이다. 이 현현들을 통해서 부활한 예수는 사람들에게 인식되었고, 사람의 경험과 언어와 선포 속으로 들어갔다. 현현들은 부활절 사건들의 실제와 그것들의 선포 사이를 이어주는 필수적인 연결고리이다. 이것들이 선포를 가능하게 만든다. 이것들이 없이는 그리스도 부활의 선포도 없을 것이다. 사람의 관점에서 본다면 현현들은 전혀 기대하지 않던 것이다.[71]

최근에 드 종(De Jonge)은 "그는 부활했다"(He is risen)는 말이 예수가 죽기 이전의 제자들의 확신을 표현한다는 페쉬의 원래 견해를 다시 주장했다. 그에 의하면, "그가 나타났다"(ōphthē)는 말은 구약성경에서 6개의 의미를 갖고 있기 때문에, 역사가는 그중의 어느 것이 고린도전서 15:5-7에 적용되는지 확실하게 말할 수 없다.[72] 게다가 고린도전서 15:5-7에 언급된 현현들 가운데 그 어느 것도 복음서들에 묘사된 현현들과 일치하지 않는다. 드 종에 의하면, 이 현현들 중의 대부분은 선포의 임무부여와 관련되어 있다. '예수 추종자들의 운동'은 부활절 사건들의 결과가 아니라 "그의 인품, 선포, 행동에 대한 반응으로 그 이전에 시작된 것의 연속이다."[73] 이 말은 "하나님이 그의 최후의 예언자의 진리를 인정하셨다"고 믿는 그들의 믿음을 표현한다. "[이것은] 초기 기독교 신학에서 핵심적인 요소가 아니었다. [이것은] 하나님이 세계의 역사에 최종적으로 개입하시는 행위였다." 이것은 오히려 하나님에 대한 그들의 신뢰를 표현했고 그들로 하여금 예수를 하나님의 통치를 확립하는 미래의 심판자와 구원자로 상상하게 했다.[74]

그러나 이것이 바울이 고린도에서 예수의 부활을 선포한 방법인가? 드 종이 고린도전서 15장에 나오는 '그가 나타났다'(ōphthē)의 의미를 결정하지 못

---

71) Blank, *Paulus und Jesus*, 156-62.
72) De Jonge, "Visionary Experience," 35-53.
73) De Jonge, "Visionary Experience," 48-49.
74) De Jonge, "Visionary Experience," 50-51.

한 것은 그가 올바른 의미를 제공하는 문맥에 관심을 갖지 않았기 때문이다. 그의 방법론을 사용하면, 역사가는 많은 것을 확실하게 말할 수 없을 것이다. 왜냐하면 사전을 대충 훑어보면 밝혀지듯이, 대부분의 단어는 여러 개의 의미를 갖고 있기 때문이다.[75]

1994년에 출판한 책에서 뤼데만은 "예수 부활의 비역사성을 증명하고 그와 동시에 그리스도인들로 하여금 그들의 신앙의 근거를 역사적 예수에게 두도록 그들을 격려하려는" 목표를 추구했다.[76] 그에 의하면, 예수 부활의 비역사성은 그리스도인들의 믿음에 별다른 영향을 주지 않는다. 왜냐하면 예수의 부활은 제자들이 역사적인 예수의 말에 근거해서 이미 믿었던 것을 단지 다른 말들로 재진술하기 때문이다. "예수의 말들과 역사는 이미 그들 자신 안에 초기 부활신앙의 모든 특성을 포함하고 있다. 그래서 십자가에 의해서 정화된 초기 증인들은…예수와 똑같은 것을…말하고 있다."[77] 뤼데만은 베드로와 바울에게 나타난 현현들을 원래적인 계시들로 수용한다. 하지만 그는 바울에게 나타난 계시를 선택한다. 왜냐하면 이것이 더 잘 기록되어 있기 때문이다. 고린도전서 15:5-8에서 그는 다른 현현들은 이 두 현현에서 파생된 것으로 보고 폐기한다.[78] 그러나 마틴 레제(Martin Rese)가 지적했듯이, 다른 현현들보다 더 나중에 바울에게 나타난 현현이 다른 현현 이야기들의 토대가 되는 것은 아무래도 이상한다.[79]

2004년에 뤼데만은 『그리스도의 부활: 역사적인 고찰』(*The Resurrection of Christ: A Historical Inquiry*)을 썼다. 그는 이번에는 그의 이전의 결론을 뒤집었다. 즉 기독교의 발생을 설명하는 것은 역사적 예수라기보다는 그리스도의

---

75) Blank, *Paulus und Jesus*, 156-59는 ōphthē의 의미에 대한 좀 더 나은 분석을 제공한다.
76) Lüdemann, *The Resurrection of Christ*, 7. 또한 그의 책 *The Resurrection of Jesus*, 182도 보라.
77) Lüdemann, *The Resurrection of Christ*, 7.
78) Lüdemann, *The Resurrection of Christ*, 7.
79) M. Rese, "Exegetische Anmerkungen zu Lüdemann's Deutung der Auferstehung Jesu," in *Resurrection in the New Testament: Festschrift J. Lambrecht* (BETL 165; Leuven: University Press, 2002), 55-71.

부활이라는 것이다. 그러나 그런 후에 그는 '그리스도의 부활은 비역사적이다. 그렇기 때문에 부활은 발생하지 않았다. 따라서 그 누구도 더 이상 그리스도인이 될 수 없다'는 가공할 만한 선언을 한다.[80]

> 비록 초기 기독교 신앙이 부활을 고백하고 교회가 그 위에 세워졌더라도, 이제 역사적인 연구는 예수는 죽은 자들로부터 부활하지 않았다는 것을 아주 명료하게 보여 준다…바울과 초기 기독교 신앙이 주장하는 '사실,' 즉 하나님이 예수를 부활시키셨다는 '사실'은 이제 거짓으로 간주되어야만 한다. 따라서… 사람들은 더 이상 자신들을 그리스도인이라고 부르는 것을 정당화할 수 없다.[81]

뤼데만은 자기의 '역사적인' 발견물을 역사 자체 및 실제와 동등시하나, 레제와 다른 학자들이 그의 '역사'에 들어 있는 심각한 결점들을 보여 주었다.

4. 예수의 부활과 부활 현현들의 역사성

이것은 우리를 마르크센, 페쉬, 뤼데만 그리고 다른 학자들이 사용하는 역사적인 방법론으로 이끈다. 그리스도 부활의 실제에 대한 그리고 부활 현현들의 실제와 의미에 대한 대부분의 거부는 역사와 역사성에 대한 특별한 이해에 기인한다. 블랭크는 역사적인 방법론의 기원을 19세기에 합리주의 정

---

80) Lüdemann, *The Resurrection of Christ*, 17. 뤼데만에게는 부활의 '비역사성'은 확실하다. 그는 '비역사적'과 '비실제적'을 동등시한다. 그는 자료로 돌아가서 그의 결론을 확인함으로서가 아니라 고전 15:5-8에 나오는 다중의 증거를-바울에게 나타난 현현만을 남겨 두고-제거함으로서 그의 결론에 도달한다. W. Marxsen에게 그런 것처럼, 그에게도 현현은 '보는 것'(seeing)이다. 뤼데만은 이 환상을 바울의 회심과 관련시키기 때문에, 이것을 심층심리학으로 설명한다. 그것은 경험적인 통제 밖에 있다. Rese("Exegetische Anmerkungen," 63-71)가 관찰했듯이, 뤼데만은 고전 15:5-8에서 그가 한 선택을 또는 그의 종교적인 과거에 대한 바울 자신의 진술들 중에서(빌 3:6) 그가 한 선택을 또는 베드로에게 나타난 현현은 그의 죄책감을 제거하는 기능을 가졌다는 암시를 주는 본문들의 선택을 공식적으로 정당화한 적은 없다.
81) Lüdemann, *The Resurrection of Christ*, 190.

신으로 이 방법론을 고안한 다비드 프리드리히 슈트라우스(David Friedrich Strauss)와 레오폴트 폰 랑케(Leopold von Ranke)까지 추적했다.[82] 이 두 사람이 다음과 같은 역사적인 연구의 기본 조건들을 규정했다. 역사적인 연구는 자연적인 원인들에 의해서 설명될 수 있는 이 세계의 사건들을 다루어야 하고, 이 세계로 뚫고 들어오는 초자연적인 침입은 제외해야 하고, 이 세계에서 병행을 갖고 있는 사건들에 한정해야 한다.

이 정의에 의하면, 역사가는 예수의 부활과 아무런 상관이 없다. 이것은 이 세계로 뚫고 들어오는 초자연적인 침입이다. 이것은 어느 곳에서도 병행을 찾아볼 수 없는 단 하나의 사건이다. 이것은 역사적인 연구 영역 밖에 있다. 그런데도 마르크센, 페쉬, 뤼데만, 드 종은 모두 예수 부활의 실제를 부인하기 위해서 이 역사적인 방법을 사용했다. 그들은 실제(reality)와 역사성(historicity)을 동등시했다. 비역사적과 비실제적을 동등시했다. 하지만 역사적인 방법론은 자신의 능력의 한계를 결정할 뿐이지, 실제의 범위를 결정하지는 않는다. 역사가는 기껏해야 예수의 부활은 역사적인 연구의 영역 밖에 있다고 말할 수 있다. 그런데 실제로는 역사가들은 예수 부활의 실제를 부인했고 또 사람들이 어떻게 예수의 부활을 믿게 되었는지를 설명했다.

불트만에 의하면, 역사적인 분석은 신앙에 적절하지 않다. 이 분석은 예수의 부활을 결정하거나 보장할 수 없다. 왜냐하면 그것은 신앙의 문제이기 때문이다. 신앙은 역사와 사실들에 근거를 둘 필요도 없고 근거를 둘 수도 없다. 여기에서는 오직 믿음으로(sola fide)가 절대적인 법칙이 된다. 그런데도 불트만은 왜 예수의 부활의 실제를 부인했는가? 그의 신앙이 위험에 빠질까 봐 또는 약해질까 봐 두려워했는가? 바울은 그런 가책을 갖고 있지 않았다. 분명히 예수도 갖고 있지 않았다. 왜냐하면 그는 부활 현현들을 통해서 자신

---

82) Blank, *Paulus und Jesus*, 170. 또한 D. F. Strauss, *The Life of Jesus Critically Examined* (Philadelphia: Fortress Press, 1972)와 L. von Ranke, *The Theory and Practice of History* (New York: Irvington Publishers, 1983)도 보라.

을 계시했기 때문이다.

　마르크센은 제자들의 환상들의 실제를 주장하기 위해서 또 제자들이 어떻게 예수가 죽은 자들로부터 부활했다고 믿게 되었는지를 설명하기 위해서 위에서 정의된 이 역사적인 방법론을 사용한다. 그는 그들이 실제적인 환상들을 보았다고 인정한다. 그러나 그 환상들은 부활한 예수의 자기 계시가 아니었고 그들에게 그의 부활을 알리지도 않았다고 주장한다. 제자들은 단지 그들의 환상들로부터 예수는 죽은 자들에서 부활한 것이 틀림없다는 결론을 내렸을 뿐이다. 그러나 마르크센은 이것을 위해서 어떤 역사적인 증거를 보여 주는가? 그리고 그는 이것이 제자들로 하여금 예수가 하던 일을 계속하도록 영감을 주었다는 주장을 위해서 어떤 역사적인 증거를 제시하는가? 그의 분석에 의하면, 제자들이 우리에게 전해준 신앙은 예수의 자기 계시와 임무 부여에 근거를 두기보다는 예수의 일을 계속하려는 그들의 주관적인 결정에 근거를 둔다.

　그의 초기의 글에서 페쉬는 마르크센을 따라서 예수의 현현들을 제자들의 자기 정당화로 간주했다. 부활절에 발생한 초자연적인 사건들은 아무런 역사적인 가치도 없다. 하지만 페쉬는 부활절 이전의 제자들의 신앙으로 회귀함으로써 마르크센과 결별했다. 부활절에 제자들은 충만한 신앙에 도달했는데, 이 신앙은 그들이 예수의 죽음 이전에 그와 가진 만남에서 기원했다는 것이다. 그러나 이 견해는 복음서 이야기들과도 일치하지 않고, 바울이 다메섹에서 신앙을 갖게 된 것도 설명하지 못한다.

2

그리스도의 부활에 대한 올바른 이해

고린도전서 15:12-34

1. 고린도전서 15:12-19에 나오는 바울의 반응

1) 고린도 교인들의 견해에 대한 반박

고린도전서 15:3b-5의 신앙고백문과 일치하는 그리스도의 부활의 실제를 강력하게 주장하고 또 그것을 그리스도의 다중의 부활 현현 이야기들로 확증한 후에(6-11절), 바울은 고린도에 있는 의심하는 사람들에게 말을 건다. 그는 그들이 그리스도의 부활을 부인한다고 고발하지는 않는다. 만약에 그가 그들이 그리스도의 부활을 부인한다고 생각했다면, 그는 분명히 갈라디아서 1:6-9에서 아주 확실하게 그랬던 것처럼 그들이 그가 선포해준 복음을 포기했다고 고발했을 것이다. 하지만 실제로는 여기에서 그의 논증은 그들이 여전히 신자들인 것을 전제하고 있다.

고린도 교인들이 갖고 있는 문제는 오히려 미래의 부활과 관련이 있다. 하지만 고린도전서 15장에서 바울은 이 두 부활을 서로 연결시킨다. 왜냐하면 그의 사고방식에 의하면, 미래의 부활을 부인하는 것은 또한 그리스도의 부활을 부인하는 것이기 때문이다. 12-19절에서 그는 보편적인 부활에 대한 부인은 그리스도의 부활에 대한 부인을 암시한다고-그에 따른 모든 끔찍한 결과도 언급하면서-두 번에 걸쳐서 주장한다. 그러나 이 논증은 오직 고린도 교인들이 그리스도는 정말로 죽은 자들로부터 부활했다고 믿었을 경우에만, 올바른 방향으로 나아간다. 오직 그런 경우에만 이 논증은 그들로 하여금 그들이 미래의 부활을 부인함으로써 실제로는 그리스도의 부활도 부인하고 있다는 사실을 깨닫도록 밀어붙인다.

고린도 교인들이 믿었던 것은 신앙고백문이 단언하는 것처럼, 그리스도는 정말로 죽은 자들로부터 부활했다는 것이다. 그러나 그들은 그리스도의 부활과 미래의 부활이 서로 연결되어 있다는 것은 깨닫지 못했다. 아마도 그들은 그리스도의 부활이 갖고 있는 구원의 가치를 또는 그들 자신의 부활이 갖고 있는 구원의 가치를 알지 못했을 것이다. 아마도 그들은 자기들이 이미 믿음을 통해서 충만한 구원을 소유하고 있기 때문에 죽은 자들로부터 부활할 필요가 없다고 생각했을 것이다.

바울은 보편적인 진리로부터 그 진리의 특수한 경우로 추상적이고 논리적으로 논증하고 있지 않다. 그는 오히려 구체적인 사건으로부터, 그리스도의 부활에서 실제로 일어난 것으로부터, 그리스도의 부활과 다른 사람들의 부활 사이의 실제적인 연결로부터 논증하고 있다. 이 두 부활은 서로 아주 긴밀하게 연결되어 있어서 하나를 부인하는 것은 다른 것을 부인하는 것이고 하나를 주장하는 것은 다른 것을 주장하는 것이다. 신자들의 부활은 그리스도의 부활에 동참(sharing)하는 것이다. 12-19절에서 바울은 역방향으로 논증한다. 즉 죽은 자들의 미래의 부활로부터 그리스도의 부활로, 아니 미래의 부활에 대한 부인으로부터 그리스도의 부활에 대한 부인으로 나아간다. 20-23절에서 그는 그리스도의 부활은 죽은 자들의 미래의 부활을 껴안고 있다고 설명한다. 그리스도의 부활을 부인하는 것은 구원의 믿음과 소망을 파괴하는 것이다. 바울은 그리스도의 부활에 구원하는 의의를 부여하고 있다. 어떤 그리스도인들은 이런 식으로 생각하지 않았을 것이다. 만약에 그들이 구원을 그리스도의 부활의 덕분으로 여겼다면, 그들은 그것을 믿음으로 살고 있는 그들의 현재적인 존재에만 국한시켰을 것이다.

두 질문이 제기된다. 고린도 교인들은 무엇을 믿었는가? 학자들은 그들이 무엇을 믿었다고 말하는가? 이 견해들을 분석하기 전에, 바울은 고린도 교인들이 무엇을 믿었다고 생각하는지를 확립하기 위해서 먼저 바울의 논증을 자세히 살펴보자. 서두에서(1-2절) 바울은 말한다. "형제들아 내가 너희에게 전한 복음을 너희에게 알게 하노니 이는 너희가 받은 것이요 또 그 가운데 선 것이라 너희가 만일 내가 전한 그 말을 굳게 지키고 헛되이 믿지 아니하였으면 그로 말미암아 구원을 받으리라." 이것은 전체 고린도교회 공동체에 대한 분명한 긍정이다. 바울의 생각에는 고린도 교인들은 그가 그들에게 선포한 것을 믿고 있다. 그들은 믿음을 지켜왔다. 그들은 그것을 통해서 구원을 받고 있다. 특히 교회 공동체는 3b-5절에 나오는 신앙고백문을 여전히 고수하고 있다. 그들은 그리스도의 죽음의 실재를 믿고 그것이 갖고 있는 구원하는 의의를 믿고 그리스도의 부활의 실제를 믿는다.

"너희가…헛되이 믿지 아니하였으면"이라는 바울의 제한조건은 그들의 그리스도 부활 이해에 어떤 문제가 있을 수도 있다는 암시를 준다. 12-23절에서 바울은 그리스도의 부활의 효과(effect)인 미래의 죽은 자들의 부활에 관해서 이야기하면서, 그들에게 자세한 정보를 제공한다. 23절에서 그는 부활의 완성을 분명하게 밝힌다. "그러나 각각 자기 차례대로 되리니 먼저는 첫 열매인 그리스도요 다음에는 그가 강림하실 때에 그리스도에게 속한 자요." 따라서 현재의 신앙경험은 아직 그리스도의 부활에 동참하는 것이 아니다. 최소한 그 부활의 충만에 동참하는 것은 아니다. 12절에서 바울은 "그리스도께서 죽은 자 가운데서 다시 살아나셨다 전파되었거늘 너희 중에서 어떤 사람들은 어찌하여 죽은 자 가운데서 부활이 없다 하느냐"며 고린도 교인들을 가르친다. 19절에서 그는 "만일 그리스도 안에서 우리가 바라는 것이 다만 이 세상의 삶뿐이면 모든 사람 가운데 우리가 더욱 불쌍한 자이리라"고 단언한다. 32절에서는 "내가 사람의 방법으로 에베소에서 맹수와 더불어 싸웠다면 내게 무슨 유익이 있으리요 죽은 자가 다시 살아나지 못한다면 내일 죽을 터이니 먹고 마시자 하리라"고 말한다. 이 진술들은 바울에게 있어서 구원은 죽은 자들의 부활도 포함한다는 것을 분명하게 보여 준다. 그러나 이 진술들은 또한 고린도 교인들이 그리스도의 부활은 단지 그들의 현재의 존재에만 영향을 미치는 것으로 이해한다는 바울의 의심을 암시한다.

그렇다면 고린도 교인들은 무엇을 믿었는가? 슐리어(Schlier)에 의하면, 고린도 교인들은 그들의 구원의 미래를 현재의 실존적인 신앙경험에 응축시켰고, 그렇게 함으로써 미래를 제거해 버렸다. 미래는 현재 속으로 옮겨졌고, 그렇게 함으로써 버려졌다. 구체적인 것(concreteness)이 즉 시간과 몸을 포함하는 외연(extension)이 영적인 존재의 현재적인 순간을 위해서 포기되었다. 그들이 참여하는 성례에서 신자들은 이미 그리스도의 부활한 생명에 완전히 동참하고 있다. 그래서 그들에게는 미래의 몸의 부활이 필요 없다. 그렇기 때문에 그들은 "죽은 자들의 부활은 없다"고 말할 수 있는 것이다. 그것은 이미 성례전의 성별에서 일어났고, 내 영적인 생명에서 계속 일어나고 있다. 고린도 교인들은 그리스도의 몸의 부활은 믿는다. 그러나 미래에 일어날 그들 자신의 몸의 부활은 믿지 않는다. 슐리어의 해석에 의하면, 교회 공동체의 신앙은 보존되었다.[1] 고린도 교인들은 여전히 신앙고백문이 진술하는 모든 것을 믿는다. 그러나 바울이 이 고백문을 이해하는 방식으로 믿는 것도 아니고, 교회 전통이 이해하는 방식으로 믿는 것도 아니다. 바울은 그들이 마음에 들

---

[1] H. Schlier, *Die Zeit der Kirche: Exegetische Aufsätze und Vorträge* (Freiburg: Herder, 1962), 149.

지 않았다. 왜냐하면 그들의 사후 개념은 그의 복음과 일치하지 않았기 때문이다.

블랭크(Blank)에 의하면, 대부분의 학자들은 고린도 교인들이 죽은 자들의 부활을 전적으로 배제한 것은 아니라고 주장했다. 그들은 단지 미래적이고 보편적인 부활을 배제했다. 교회 공동체는 여전히 그리스도의 부활을 믿었다. 이 견해는 1-2절에 나오는 바울의 확언과 일치하는 것으로 보인다. 또 그들의 믿음은 내세의 부활한 생명에 대한 소망을 포함하지 않는다는 19절과 32절에 나오는 그의 비판적인 언급과도 일치하는 것으로 보인다.[2] 슐리어와 블랭크에 의하면, 고린도 교인들은 그리스도의 부활을 인정했다. 그러나 그들은 그들의 구원을 믿음에 의해 주어지는 현재의 신비적인 연합에서 보았다. 이 연합은 이미 완성이다. 죽을 때에도 이 연합은 멈추지 않고 몸이 없이 계속된다. 따라서 몸의 부활은 구원을 위해서 필요한 것이 아니다.[3] 이 견해가 고린도 교인들의 생각에 근접한 것으로 보인다. 그러나 바울은 그런 식으로 이해하지 않은 것으로 보인다. 그는 이 견해는 그리스도와 함께하는 미래의 생명을 부인한다고 생각한다. "만일 그리스도 안에서 우리가 바라는 것이 다만 이 세상의 삶뿐이면 모든 사람 가운데 우리가 더욱 불쌍한 자이리라"(19절). 바울의 내세에 대한 그리스도의 생명에 동참하는 것에 대한 소망은 몸의 부활을 포함한다.

한편 발터 슈미탈스(Walter Schmithals)에 의하면, 궁극적인 실제에 대한 고린도 교인들의 영적인 해석에 영향을 준 것은 다름 아닌 영지주의적인 이데올로기이다. 고린도에 있는 바울의 적대자들은 몸과 영혼이라는 이원론적인 인간론에 근거한 영적-영지주의적 개념을 틀림없이 가지고 있었을 것이다. 이 인간론은 몸의 구원을, 설령 제거하지는 않았더라도, 무시했다. 바울은 고린도 교인들이 내세에 대한 소망을 완전히 포기했다고 생각했다고 슈미탈스

---

2) Blank, *Paulus und Jesus*, 134.
3) Schlier, *Die Zeit der Kirche*, 149.

는 주장한다.[4] 그러나 블랭크는 이 주장은 증명될 수 없다고 본다.[5] 그에 의하면, 고린도 교인들은 여전히 그리스도의 몸의 부활을 믿었다. 이것은 영지주의적인 개념과는 상반된다.

2) 바울의 논증

바울이 고린도전서 15:12에서 '어떻게 몇몇 사람들은 죽은 자들의 부활이 없다고 말할 수 있느냐'고 물을 때에, 그는 고린도 교인들이 그리스도의 부활을 부인했다고 제시하지 않는다. 하지만 그는 그들이 미래의 부활에 대한 부인은 그리스도의 부활에 대한 부인을 암시한다는 것을 깨닫도록 밀어붙인다. 그리고 이것은 그들이 3b-5절에 나오는 고백문을 따라서 고백하는 신앙과 상반된다고 지적한다. 또 그의 선포와도 상반된다고 지적한다. "우리가 전파하는 것도 헛것이요 또 너희 믿음도 헛것이다"(14절). 그리고 그는 "우리가 하나님의 거짓 증인으로 발견되리니 우리가 하나님이 그리스도를 다시 살리셨다고 증언하였음이라 만일 죽은 자가 다시 살아나는 일이 없으면 하나님이 그리스도를 다시 살리지 아니하셨으리라"(15절)는 말을 덧붙인다. 이것은 결국 하나님의 진리 및 예수 그리스도를 죽은 자들로부터 부활시키신 하나님에 대한 그들의 이해로 이어진다.

이와 비슷하게, 16절에서 "만일 죽은 자가 다시 살아나는 일이 없으면"으로 시작되는 논증에서 바울은 "너희의 믿음도 헛되고 너희가 여전히 죄 가운

---

4) W. Schmithals, *Gnosticism in Corinth: An Investigation of the Letters to the Corinthians* (Nashville: Abingdon, 1971), 157. 슈미탈스에 의하면, "몸의 부활에 대한 부인은 영지주의의 핵심적인 교리이다." "부활은 없다"는 주장이 바울에게는 '가장 깊은 절망'을 표현하는 반면에, 영지주의자들에게는 "이미 선천적으로 구원을 소유하고 있기 때문에 모든 소망을 포기할 수 있는 사람의 승리의 메시지를 전해 준다"(160).

5) Blank, *Paulus und Jesus*, 134. 블랭크에 의하면, 구약성경과 유대적인 사고방식에 젖어 있는 바울은 부활 없는 내세에 대한 소망을-그것이 영지주의적인, 철학적인, 다른 어떤 종교적인 의미이든지 간에-무의미한 것으로 간주했을 것이다(135).

데 있을 것이요"(17절)라고 결론짓는다. 미래의 부활이 없으면, 모든 것이 산산조각난다. 이 논증의 요지는 그리스도의 부활은, 마치 그의 죽음처럼, 구원하는 의의와 힘을 갖고 있다는 것이다.

우리는 바울의 논증이 오직 고린도 교인들에게 그리스도의 부활은 계속 믿는 동시에 미래의 부활은 부인했을 때에만 성립한다는 것을 살펴보았다. 이 논증은 오직 이것이 그리스도의 부활이 갖고 있는 포괄적인 구원하는 의의를 전제할 때에만 효과적이다. 따라서 여기에서 진짜 이슈는 그리스도의 부활이 아니라 그리스도의 부활이 갖고 있는 구원하는 효력(saving efficacy)에 대한 올바른 이해이다.[6]

일부 고린도 교인들이 그리스도의 부활의 실제는 붙들면서 동시에 그들 자신의 부활은 부인하는 것이 어떻게 가능했을까? 바울은 그들은 모두 신앙고백문에 진술되어 있는 그의 선포를 받아들였다고 말하지 않았는가?(2절) 대부분의 학자들은 신앙고백문이 그리스도의 부활이 갖고 있는, 다른 사람들을 위한 구원하는 의의를 명백하게(explicitly) 주장하지 않는다는 것을 감지하지 못했다. 고백문은 "그리스도께서 우리 죄를 위하여 죽으셨다"(3b절)고 진술은 하지만, 그리스도가 '우리를 위하여' 부활했다는 진술은 하지 않는다. 3절의 그리스도의 죽음에 대한 진술과 마찬가지로, 4절의 '성경대로'도 이런 의미를 갖고 있지 않다. 즉 고린도 교인들은 신앙고백문에 담겨 있는 것을 받아들이고 믿었을 터이지만, 동시에 보편적인 부활은 부인했다는 말이다. 그래서 바울은 한편으로는 그들이 고백문의 내용을 믿는 것을 칭찬하고 다른 한편으로는 그들이 그리스도의 부활을 잘못 이해하는 것을 그들에게 들이댈 수 있다. 그래서 그는 먼저 그리스도의 부활의 실제를 다시 확언한 후에, 그

---

[6] 바울의 논증은 엄격한 아리스토텔레스적 논리를 따르지 않는다. 그는 큰 것으로부터 작은 것을 거쳐서 결론에 도달하는 식으로 논증하지 않는다. 그는 '부활은 일어나지 않는다. 따라서 그리스도의 부활은 일어나지 않았다'고 말하지 않는다. 그는 '부활은 일어날 수 없다. 따라서 그리스도의 부활은 일어날 수 없었다'고 말하지 않는다. Fee, *The First Epistle to the Corinthians*, 740 각주 6을 보라.

것이 우리(us)를 포함한다고, 그것은 '우리를 위한' 것이라고 설명한다. 20-22절에서 그는 그리스도의 부활은 우리의(our) 부활을 포함한다고 주장한다. 그러나 이 둘을 뒤섞지는 않는다. 23절에서는 우리의 부활은 종말에, 즉 그리스도가 다시 올 때에 일어날 것이라고 설명한다.

이 모든 것을 통해서 그리스도의 부활에 대한 바울의 관점은 분명해진다. 블랭크는 이와 관련된 바울의 생각을 요약하면서 그리스도의 부활을 이렇게 묘사한다. "그리스도의 부활은 동떨어져 있는 사건 또는 독자적인 구원 사건이 아니다. 우연한 '역사적인 사실'도 아니다. 그것은 유일회적으로 죽은 자들의 종말의 부활을 열어젖히는 궁극적인 구원 사건이다."[7] 블랭크에 의하면, 오직 이 방식으로만 우리는 죽은 자들의 보편 부활로부터 그리스도의 부활로 나아가는 독특한 논증을 파악할 수 있다. 그리고 오직 이 방식으로만 바울은 '죽은 자들의 첫 열매'인 그리스도로부터 죽은 자들의 부활로 논증해 나아갈 수 있다(21-28절).

2. 그리스도의 부활에 대한 올바른 이해: 고린도전서 15:20-22

그리스도의 부활과 우리의 부활 사이의 연관은 고린도전서 15:20-22에서 분명하게 밝혀진다. 이 구절들에서 바울은 세 가지를 진술한다. 첫째로, 그는 그리스도의 부활을 다시 확언할 뿐만 아니라 그것의 도달범위도 제시한다. "그러나 이제 그리스도께서 죽은 자 가운데서 다시 살아나사 잠자는 자들의 첫 열매가 되셨도다"(20절). 둘째로, 그는 그리스도가 죽어야만 했던 이유를 알려준다. "사망이 한 사람으로 말미암았으니 죽은 자의 부활도 한 사람으로 말미암는도다"(21절). 셋째로, 그는 그리스도의 부활이 갖고 있는 우주적인 효력을 밝혀준다. "아담 안에서 모든 사람이 죽은 것 같이 그리스도 안에서

---

7) Blank, *Paulus und Jesus*, 135.

모든 사람이 삶을 얻으리라"(22절).

우리가 살펴보았듯이, 이 이해는 12-19절에 나오는 논증에 전제되어 있다. 바로 이것이 그리스도의 부활과 우리의 부활을 연결해 주는 것이다. 이 이해의 문맥이 없으면, 12-19절의 논증은 단순한 논리적인 연역이 되고 만다. 부처(T. G. Bucher)는 12-19절의 논증에서 20-22절에 나오는 그리스도의 부활이 갖고 있는 포괄적인 본성에 대한 바울의 이해를 제거하고, 12-19절을 그런 것으로 간주했다.[8]

우리는 아담의 죄가 어떻게 우리에게 영향을 미치는가 하는 문제는 다룰 필요가 없다. 바울에 의하면, 아담의 범죄는 세상에 죽음을 가져왔다. 이 죽음은 하나님의 최초(original) 계획이 아니었고 하나님의 최후(final) 계획도 아니다. 하나님은 인간이 만들어낸 이 탈선을 당신의 아들을 세상에 보내서 바로 잡으셨다. 바울은 갈라디아서 4:4-5에서 이와 유사한 진술을 한다. 즉 하나님은 율법 아래의 삶에 동참하려고 그리고 그런 방식으로 그 삶을 변화시키려고 당신의 아들을 세상에 보내셨다는 것이다. 그는 "율법 아래에 있는 자들을 속량하려고" 율법 아래서 그리고 율법에 대해서 죽음으로써 그 삶을 변화시켰다. 그 속량은 '그리스도 안에' 있는 사람들에게 유효하다. 왜냐하면 그들은 그와 함께 율법에 대해서 죽었기 때문이다. 고린도전서 15:20-22에서 바울은 그리스도가 인간의 존재로서 아담으로부터 물려받은 죽음에 동참하는 것에 대해서 이야기한다. 그리스도의 부활은 반전과 죽음의 멸망을 가져온다. 두 경우 다 그리스도는 모든 사람에게 영향을 미친다. 갈라디아서 4:4-5에서는 그는 율법 아래에 있는 모든 사람에게 영향을 미친다. 고린도전

---

8) T. G. Bucher, "Auferstehung Christi und Auferstehung der Toten," *MTZ* 27 (1976): 1-31; "Nochmals zu Beweisführung in 1. Korinther 15,12-20," *TZ* 36 (1980): 129-52; 또한 "Überlegungen zur Logik im Zusammenhang mit 1 Kor 15,12-20," *LB* 53 (1983): 70-98. M. Bachmann, "Zur Gedankenführung in 1. Kor. 15,12ff.," *TZ* 34 (1978): 265-76. C. Zimmer, "Das Argumentum Resurrectionis 1 Kor 15,12-20," *LB* 65 (1991): 25-36. M. Bachmann, "Zum 'argumentum resurrectionis' von 1 Kor 15,12ff. nach Christoph Zimmer, Augustin und Paulus," *LB* 67 (1992): 29-39에 나오는 바하만의 반응을 보라.

서 15:20-23에서 그는 아담의 종족에 속한 모든 사람에게 영향을 미친다. 고린도전서 15:20-22에서 바울은 그리스도의 부활을 "잠자는 자들의 첫 열매"라고 말함으로써 이 사실을 표현한다. 그리스도에게 일어났던 것은 모든 사람에게 일어날 것이다.

이렇게 바울은 그리스도의 부활에서 우주적인 의의를 본다. 즉 그리스도는 우리를 위해서 부활했다는 것이다. 고린도전서 15:3b-5의 고백문은 이것을 단지 그리스도의 죽음과 관련해서만 주장하는 반면에, 바울은 이것을 그리스도의 부활과 관련해서도 주장한다. 이처럼 바울은 그리스도의 부활을 예외적인 것으로 보지 않고 오히려 아담의 죄에 대한 반전으로 본다. 그리스도가 율법 아래에서 죽은 것은 율법 아래에 사는 모든 사람을 위한 것이듯이, 이 반전도 모든 사람을 위한 것이다. 하지만 이 반전은 오직 '그리스도 안에' 있는 사람들에게만, 즉 그리스도의 생명에 실제로 동참하고 있는 사람들에게만 효과를 발휘한다. 바울은 이것을 죄와 죽음의 주체인 아담과 생명의 주체인 그리스도를 비교하면서 분명하게 밝힌다. 한 사람의 죄가 모든 사람에게 죽음을 가져온 것처럼, 한 사람의 죽은 자들로부터의 부활이 모든 사람에게 생명을 가져온다. 이 죽은 자들로부터의 부활은 이제 '절대로 다시 죽지 않는 것'을 의미한다. 이것은 죽음에 대한 완전한 승리이다. 이 이해는 유대교의 그 어떤 것도 능가한다. 이 이해는 그리스도의 부활에 모든 소생(resuscitations)을 능가하는 의미를 부여한다. 이것은 죽음의 통치의 종말이다. 모든 형태의 죽음의 종말이다. 이것은 유대 묵시사상이 종말에 하나님의 행동으로 발생할 것으로 다소간에 기대했던 것이다. 지금 바울은 이것이 그리스도의 부활에서 발생했다고 단언한다.

바울은 그리스도의 부활이 갖고 있는 이 우주적인 범위를 첫 열매들(the first fruits)이라는 구절로 표현한다. 이 성경적인 이미지는 그리스도의 부활의 포괄적인 본성을 전해 준다. 콘첼만(Conzelmann)과 피(Fee)는 이것을 순수한 은유로 간주한다. 이 은유는 고린도전서 16:15, 데살로니가후서 2:13, 로마서 8:23, 11:16, 16:5에서처럼 뒤따라오는 시리즈 중의 하나를 가리키거나 다른 것들을 포함하는 시리즈를 가리킨다. 후자의 의미가 더 나은 것 같다. 로마서 11:16에서 바울은 "제사하는 처음 익은 곡식가루가 거룩한즉 떡덩이도 그러하고 뿌리가 거룩한즉 가지도 그러하니라"고 말한다. 누룩이 가루 전체에 퍼지는 것처럼(롬 8:23), 그리스도의 부활은 모든 죽은 자를 다시 살린다. 뿌리가 생명을 갖고 있으면 가지들도 생명을 갖게 된다.

바울은 여기에서 우주적인 진술을 하고 있다. 왜냐하면 그는 죄 없는 삶 같은 다른 요구조건들을 언급하지 않기 때문이다. 하나님의 뜻은 그리스도의 부활을 통해서 모든 사람(all)이 생명을 얻게 되는 것이다. 이것은 아담과의 비교와 완전하게 상응한다. 콘첼만이 말하듯이, "아담은 단지 사람들의 조상이 아니라 원인(the primal man)이다. 이것은 똑같이 그리스도에게도 적용된다."[9] 따라서 이 우주적인 진술을 당장 신자들의 부활로 제한하지 않고-피는 그렇게 한다[10]-그냥 있는 그대로 놔두는 것이 최선이다. 하나님의 뜻은 전체 인류의 구원이다. 그리스도는 모든 사람을 위해서 죽었다. 이 장의 뒷부분에서 바울은 종말의 부활은 그리스도와 합치되는 것, 즉 그리스도의 부활의 생명에 동참하는 것이라고 말하기도 한다. 다른 곳에서 그는 이 구원의 제안은 사람의 반응을 필요로 한다고 말한다. 이것은 믿음, 소망, 사랑을 필요로 한다(살전 5:8). 그래서 이 구원의 실현은 종국적으로 사람의 수용에, 즉 하나님이 예수 그리스도의 부활을 통해서 하신 제안을 사람이 받아들이느냐에 달려 있다.

---

9) Conzelmann, *1 Corinthians*, 268.
10) Fee, *The First Epistle to the Corinthians*, 749-50. 또한 W. V. Crockett, "The Ultimate Restoration of all Mankind: 1 Corinthians 16:22," in *Studia Biblica 1978: III. Papers on Paul and Other New Testament Authors*, ed. E. A. Livingstone (Sheffield: Sheffield University, 1980), 83-87도 보라.

3. 우리의 부활은 아직 일어나지 않았다: 고린도전서 15:23

이제 바울은 우리의 부활이 미래에 일어날 것이라고 강조한다. 그는 먼저 그리스도의 부활은 우리의 부활을 포함한다고 말한 후에, 이제는 그 둘을 분리한다. 아마도 이것은 고린도 교인들의 부활 부인과 관련이 있을 것이다.[11] 고린도전서 15:23에서 그는 "그러나 각각 자기 차례대로 되리니 먼저는 첫 열매인 그리스도요 다음에는 그가 강림하실 때에 그리스도에게 속한 자요" 라고 단언한다. 그는 이제 부활의 두 단계-그리스도의 부활과 '그리스도에게 속한' 사람들의 부활-를 구분한다. 미래의 주님의 오심은 종말의 부활의 위치를 정해 주는 표지 역할을 한다. 바울에 의하면, 일련의 순서가 있다. 먼저는 '첫 열매인 그리스도'이고 그 다음이 '그가 강림하실 때에 그리스도에게 속한 자들'이다.

완성은 미래에 주님이 오실 때에 이루어진다는 것에는 학자들 사이에 일반적인 동의가 이루어져 있다. 그러나 23절의 '그리스도에게 속한 자들'의 부활을 가리키는 '다음에는'(then, epeita)과 24절의 완성을 가리키는 '그 후에는' (then, eita)을 어떻게 이해할 것이냐는 데에는 어려움이 남아 있다. 24절에서 바울은 "그 후에는 마지막이니 그가 모든 통치와 모든 권세와 능력을 멸하시고 나라를 아버지 하나님께 바칠 때라"고 말한다. 이것은 주님이 오실 때에 일어나는 부활과는 분리된 다른 사건을 가리키는가? 울리히 루츠(Ulrich Luz)와 파울 호프만(Paul Hoffmann)은 그 두 사건 사이에 메시아의 중간통치가 들어 있는 두 사건을 제안했다.[12] 우리는 이 개념을 요한계시록 19:20-24에서

---

11) J. Holleman, *Resurrection and Parousia: A Traditio-Historical Study of Paul's Eschatology in 1 Corinthians 15* (SuppNT 84; Leiden: Brill, 1996), 58.

12) U. Luz, *Das Geschichtsverständnis des Paulus* (Beiträge zur evangelischen Theologie 49; Munich: Kaiser, 1968), 347-48; P. Hoffmann, *Die Toten in Christus* (NTAbh 2; Münster: Aschendorff, 1966), 341-44. 이것에 대해서는 Plevnik, *Paul and Parousia*, 129를 보라. 또한 L. J. Kreitzer, *Jesus and God in Paul's Eschatology* (JSNTSupp 19; Sheffield: JSOT Press, 1987), 142-45도 보라.

발견한다. 먼저 죽은 순교자들이 되살아나는 때인 주님의 승리의 오심이 묘사되고, 그 후에 되살아난 순교자들이 참여하는 천년 메시아왕국이 묘사된다. 그런 후에 최후의 전쟁, 사단과 죽음의 멸망, 보편적인 부활, 최후의 심판으로 마무리된다. 요한계시록 20:5은 "그 나머지 죽은 자들은 그 천년이 차기까지 살지 못하더라"고 말한다. 그 후에 "바다가 그 가운데에서 죽은 자들을 내주고 또 사망과 음부도 그 가운데에서 죽은 자들을 내주매 각 사람이 자기의 행위대로 심판을 받는다"(계 20:13).

요한계시록은 교회가 로마제국에게 당하는 핍박과 교회가 최후까지 견뎌내야 할 필요를 다룬다(계 2-3장). 요한계시록은 순교자들에게 말한다. 그들에게 지상에서 당한 순교를 보상해줄 빠른 부활을 약속한다. 그들에게 죽음과 사단에게서 해방된 천년왕국의 즐거움을 약속한다.

그러나 이 이슈들 중의 그 어느 것도 고린도전서 15장에는 나타나지 않는다. 바울은 여기에서 오직 한 가지만을 강조하고 있다. 바로 부활의 실제이다. 이것은 그리스도의 부활에 대한 동참이고 그의 주권의 완성이다. 바울은 전적으로 신자들과 주님의 오심에 초점을 맞춘다. 세 단계 완성에 반대하는 볼프강 슈라게(Wolfgang Schrage)의 주장에 의하면, 우리는 물론 메시아의 중간통치(messianic interregnum)에 대해서 이야기할 수 있다. 하지만 이 통치는 지금 이루어지고 있고 주님이 오실 때에 완성될 것이다.[13] 빌케(H.-A. Wilcke)에 의하면, 중간통치는 예루살렘 성전이 파괴된 후에 생긴 유대 종말사상의 특징이다. 바울서신에는 이것에 대한 증거가 하나도 없다.[14] 콘첼만과 슈라게도 비슷한 견해를 제시한다.[15] 콘첼만에 의하면, 바울은 여기에서 "자기의 고유한 종말론적 개념을 제시할 도구로 삼기 위해서" 종말에 대한 유대의 개

---

13) W. Schrage, *Der erste Brief an die Korinther* (1 Kor 15,1-16,24) (EKKNT 7/4; Düsseldorf: Benziger; Neukirchen-Vluyn: Neukirchener, 2001), 170-71.
14) H.-A. Wilcke, *Das Problem eines messianischen Zwischenreiches bei Paulus* (ATANT 51; Zurich: Zwingli, 1967), 156.
15) Schrage, *Der erste Brief an die Korinther*, 170-71; Conzelmann, *1 Corinthians*, 270-71.

넘들을 개조하고 있다.[16] 피는 여기에서는 묵시사상에 대해서보다는 바울의 종말론에 대해서 이야기하는 것이 더 적절하다고 제안한다.[17]

따라서 바울은 여기에서 거의 확실히 하나의 사건(the one and the same event) 즉 종말의 부활에 대해서 이야기한다. 이 부활은 또 죽음의 멸망을 포함하는 '완성'(to telos)이다. 데살로니가전서 4:13-18과 고린도전서 15:51-52에서처럼, 그는 부활을 그리스도가 오는 때로 자리매김한다. 그러나 여기에서 그는 부활을 그리스도의 부활(고전 15:28)과 죽음에 대한 승리(26절) 이후에 이루어지는 그리스도의 통치의 완성으로 만든다. 부활과 완성 사이에 또 다른 중간기를 설정하는 것은 부활을 죽음의 멸망으로부터 분리시키고 또 부활과 재림을 절정 이전의 것(anticlimax)으로 만들 것이다.

4. 부활한 그리스도의 주권: 고린도전서 15:24-28

24-28절에서 바울은 죽은 자들의 부활이 무엇을 포함하는지를 밝힌다. 그는 죽은 자들의 부활이 일어나기 전에 성취되어야 하는 부활한 그리스도의 임무에 대해서 이야기한다. 그것은 부활한 그리스도의 주권(lordship) 및 권위(authority)와 관련되어 있다. 바울에게 있어서, 그 주권은 그리스도의 부활과 더불어 시작되었다. 그것은 또한 그의 승귀였다(빌 2:9-11).

> 그 후에는 마지막이니 그가 모든 통치와 모든 권세와 능력을 멸하시고 나라를 아버지 하나님께 바칠 때라 그가 모든 원수를 그 발 아래에 둘 때까지 반드시 왕 노릇하시리니 맨 나중에 멸망 받을 원수는 사망이니라 만물을 그의 발 아래에 두셨다 하셨으니(고전 15:24-27a).[18]

---

16) Conzelmann, *1 Corinthians*, 270.
17) Fee, *The First Epistle to the Corinthians*, 752.
18) New Revised Standard는 He 대신에 God을 사용한다.

26절에 나오는 사망의 멸망에 대한 확언이 분명하게 보여 주듯이, 이 단락은 여전히 죽은 자들의 부활을 다룬다. 24절에는 부활한 그리스도가 하나님을 대적하는 모든 세력을 정복하고 있는 전쟁의 장면이 들어 있다. 여기에서 하나님의 최후의 원수로 의인화되어 있는 죽음은 그 세력들 중의 하나이다. 이 절에서 바울은 우주가 세력들로 꽉 차 있다고 간주하고, 이들 중의 어떤 세력들은 하나님을 적대한다고 간주한다. 그는 우주의 무질서의 원인에 대한 유대 묵시사상의 이해를 끌어들이고 있다. 지금 그는 죽음을 이 우주적인 세력들 중의 하나로 본다. 그는 부활한 그리스도의 통치는 우주의 평화를 가져온다고, 즉 하나님의 모든 적을 제거한다고 단언한다. 27b절에서 바울은 "만물을 아래에 둔다 말씀하실 때에 만물을 그의 아래에 두신 이가 그중에 들지 아니한 것이 분명하도다"라고 말한다. 이렇게 그는 하나님의 궁극적인 권위를 강력하게 주장함으로써 오해를 방지한다. 28절에서 그는 "만물을 그에게 복종하게 하실 때에는 아들 자신도 그때에 만물을 자기에게 복종하게 하신 이에게 복종하게 되리니 이는 하나님이 만유의 주로서 만유 안에 계시려 하심이라"고 결론을 내린다.

이 단락의 주체(subject)에 대해서는 학자들의 의견이 나뉜다. 24절의 주체는 분명히 그리스도이다. 그는 모든 적대적인 세력을 멸망시켜야 한다. 또 그는 그의 통치를 하나님 아버지에게 넘겨드릴 것이다. 25절("그[he]가 모든 원수를 그 발 아래에 두었다")과 27절("그[he]가 만물을 그의 발 아래에 두셨다")의 그(he)는 그리스도를 가리킬 수도 있고 하나님을 가리킬 수도 있다. 27b절-이 부분은 만물을 그의 발 아래에 두신 자(the one)를 포함하지 않는다-에서 암시되는 주체는 하나님이시다. 어떤 학자들은 24절의 서두 이래로 정복하고 있는 주체는 줄곧-하나님이 모든 것을 그리스도에게 복종시키고 계신다는 27b절은 제외하고-그리스도라고 주장했다. 이것이 좀 더 자연스럽고 쉬운 독법이다. 다른 견해는 하나님이 모든 것을 그리스도에게 복종시키고 계신다는

27b절의 교정(correction)에서 출발해서 이 의미를 거꾸로 25-26절의 진술 속으로 읽어 들인다. 이 문제는 25절과 27절의 인유(allusion)와 뒤엉켜 있다. 25절에서 우리는 하나님이 모든 것을 왕에게 복종시키고 계시는 시편 110:1에 대한 인유를 발견한다. 그러나 이 인유는 약하고 바울에 의해서 명백하게 표현되지 않는다. 고린도전서 15:27에서 우리는 또 다시 하나님이 주체이신 시편 8:6에 대한 보다 강한 인유를 발견한다.[19] 나는 여기에서 바울은 고린도전서 15:24과 25절 사이에 주체를 변경하지 않았다고 주장하는 사람들의 편을 들고 싶다. 슈라게와 피의 의견도 이와 같다.[20] 그렇지만 27절이 암시하듯이, 그리스도는 모든 적대세력을 아버지에게서 받은 힘으로 복종시켜 오고 있다. 이 모든 것은 아버지를 대적하지 않는 것은 물론, 아버지와 분리되지도 않고 아버지와 일치를 이루는 가운데 실행된다.[21]

5. 죽음

죽음을 의인화시킴으로써 바울은 개개의 죽어가는 경우를 뛰어넘어 생각할 수 있게 되었다. 죽음의 멸망(annihilation of death)은 일반적으로 무엇이 참인지를 보여 준다. 왜냐하면 그리스도의 죽음이 이 보편적인 효력을 가지고 있기 때문이다. 죽음의 멸망은 죽음과 죽어가는 것에서 자유로워지는 것을 의미한다. 다시 소생하는 것처럼 단지 일시적으로 자유로워지는 것이 아니라 죽음과 죽는 것으로부터 절대적으로 자유로워지는 것을 의미한다. 그것은 몸에 더 이상 죽음에 굴복하지 않는 영원한 생명을 가져온다. 그것은 현재의 존재 양식에 심오한 변화를 일으킨다. 이것이 바울이 여기에서 말하는 주

---

19) Schrage, *Der erste Brief an die Korinther*, 177-78; Plevnik, *Paul and Parousia*, 130-34.
20) Schrage, *Der erste Brief an die Korinther*, 186-87.
21) Holleman, *Resurrection and Parousia*, 59도 비슷한 관점을 갖고 있다. 그는 24a절과 25b절 사이에 주체의 변화가 있다고 본다.

요 진술이다. 그는 이 진술을 적대 세력들에 대한 그리스도의 승리라는 보다 큰 맥락 속에서 전개한다. 그것은 여기에서 궁극적인 실제로 제시된 하나님 나라의 일부이다. 바울은 그것을 부활한 그리스도의 힘과 권위의 절정으로 제시한다. 그것은 그리스도의 부활의 궁극적인 목적이다.

15장에서 바울은 다시 살아난 사람들과 아직 살아 있는 사람들 양쪽 모두의 몸의 변화에 대해서 이야기한다. 그는 고린도후서 5:1-10과 빌립보서 3:20-21에서 이 문제로 돌아올 것이다. 로마서 8:23에서 그는 세계의 변화를 강하게 주장할 것이다. 그러나 바울은 이 모든 것이 그리스도의 재림 때에 이루어질 것으로 기대한다.

이처럼 죽음의 멸망은 그리스도의 부활의 궁극적인 효력이다. 이 부활은 구속적인 사건이다. 이것은 그리스도는 우리의(our) 부활을 이루기 위해서 부활했다고 말한다. 3b-5절의 신앙고백문이 분명하게 말하지 않고 남겨둔 것이 여기에서 완전히 밝혀진다. 우리의 부활은 그리스도의 부활의 성취(working out)이고 또 그리스도의 부활의 결과인 그리스도의 주권의 완성이다. 우리의 부활은 그리스도의 부활이 그리스도의 승귀를 가져오고 또 그리스도에게 죽음을 멸망시킬 힘을 부여하기 때문에 일어날 것이다.

6. 하나님의 나라: 고린도전서 15:28

1) 그리스도의 승귀

28절에서 바울은 신학적인 해석에 있어서 관심을 불러일으키는 진술을 한다. "만물을 그[하나님]에게 복종하게 하실 때에는 아들 자신도 그때에 만물을 자기에게 복종하게 하신 이에게 복종하게 되리니 이는 하나님이 만유의 주로서 만유 안에 계시려 하심이라." 여기에서 바울은 하나님에 대한 아들 자신의 복종(submission)을 표현하기 위해서, "만물을 그의 발 아래에 두셨다"(27절)에서 정복(subjugation)의 의미로 사용된 복종하게 하다(to subject)라는 단어를 가지고 언어유희를 하고 있다. 아들이 이전에는 아버지에게 순종하지 않았다는 의미도 아니고(막 14:35 참조), 그가 이제는 세상에서 아무 권위도 갖지 못할 것이라는 의미도 아니다. 아들의 구원의 임무가 완수되어서 이제 아들이 그 권한을 아버지에게 되돌려드린다는 의미이다. 그리스도의 종속(subordination)은 기능적인 것이다. 아들에게 주어졌던 권한은 이제 아버지에게 되돌려진다. 그의 임무는 성취되었다. 투쟁은 끝났다. 그는 죽은 자들의 부활, 우주와 하나님의 화해(롬 5:5-10), 하나님이 모든 것 안에 계시는 하나님 나라(고전 15:28)를 이루어냈다.

이것은 누가복음 1:33에서 천사가 마리아에게 한 말과 상반되는 것처럼 보인다. "영원히 야곱의 집을 왕으로 다스리실 것이며 그 나라가 무궁하리라." 후대의 삼위일체 신학에서는 이것은 아들과 아버지의 동등성과 상충된다. 하지만 바울은 여기에서 성육신한 하나님의 아들을 염두에 두고 있다. 그는 그의 인간적인 조건에서 하나님에게 종속되어 있다. 슈나켄부르크(R. Schnackenburg)에 의하면, '그리스도의 나라'와 '하나님의 나라' 사이에는 아무런 충돌도 없다. 그리스도의 나라가 동시에 하나님의 나라이다. 왜냐하면 하나님이 모든 것을 그리스도에게 복종시키시기 때문이다. 그리스도의 나라는 "부활과 재림 사이의 시대와 관련하여, 그에 속하는 모든 종말론적인 행위로⋯통치하는 기능이다."[22] 이처럼 그리스도는 통치자의 자리에서 해임되지 않았다. 그러나 구원자의 역할은 멈추었다. "왜냐하면 구원의 시대는 그 목표와 목적에 도달했기 때문이다."[23]

슈라게에 의하면, 고린도전서 15:28의 마지막 구절-"이는 하나님이 만유

---

[22] 이것에 대해서는 R. Schnackenburg, *God's Rule and Kingdom* (New York: Herder and Herder, 1963), 297-98을 보라.

[23] Schnackenburg, *God's Rule and Kingdom*, 297-98.

의 주로서 만유 안에 계시려 하심이라"-은 다신론을 암시하지도 않고 하나님과의 신비적인 융합 또는 하나님의 내주를 암시하지도 않는다. 이것은 하나님의 뜻이 실행되고 또 그의 주권(lordship)이 의심받지 않고 인정받고 존경받는 하나님의 절대주권(absolute sovereignty)을 의미한다(롬 11:36).[24] 이것을 이 장의 주제인 죽은 자들의 부활과 관련시키면서 피는 "그리스도를 죽은 자들로부터 부활시키심으로 하나님은 죽음의 최종적인 파멸과, 그래서 하나님이 과거의 영원에서처럼 또 다시 '모든 것에서 모든 것'이 되시는 데에서 절정을 이루게 될 일련의 사건들을 일으키기 시작하셨다는 것이 바울의 요점이다"고 말한다.[25] 정말로 바울에게 있어서 완성은 사람 이외의 피조물까지 포함한다(롬 8:19-22; 골 1:15-20).

7. 부활이 그리스도 자신에게 미치는 효과

하나님이 예수를 죽은 자들로부터 부활시키신 보편적인 의도와 효과는 다른 사람들의 부활이라는 것을 살펴보았다. 그런데 하나님이 예수를 죽은 자들로부터 부활시키신 한층 더 중요한 효과는 그리스도 자신에게 미치는 효과이다. 즉 그의 땅의 존재가 하늘의 존재로 고양된 것이다. 이 효과는 예수 그리스도의 승귀(exaltation)와 주권(lordship)으로 표현된다.

고린도전서 15장에서 바울은 부활한 그리스도를 '하늘에서 난'(47절) 사람으로, '하늘에 속한 사람'(49절)으로, '살려 주는 영'(45절)으로 부른다. 이 표현들은 그리스도의 승귀를 시사하며 그리스도가 미래의 부활을 실현하는 맥락에서 사용된다. 그런데 24-27절에서는 바울은 부활한 그리스도가 땅에서 가지고 있는 권위에 대해서 이야기한다. "그가 모든 원수를 그 발 아래에 둘 때

---

24) Schrage, *Der erste Brief an die Korinther*, 186-87.
25) Fee, *The First Epistle to the Corinthians*, 759.

까지 반드시 왕 노릇하시리라"(25절). "만물을 그의 발 아래에 두셨다"(27절). 이 진술들은 그리스도의 승귀는 그가 죽은 자들로부터 부활한 이래 땅에서 계속되는 그의 활동과도 관련되어 있다고 시사한다.

그리스도의 승귀는 빌립보서 2:6-11에 나오는 찬가의 결론에서 가장 분명하게 표현된다. 이 찬가는 원래는 '하나님의 본체'인 그리스도가 자신을 낮추었다는 진술로 시작된다. 그는 사람이 되었고 십자가에서 죽었다. 이 찬가는 그리스도의 승귀로 마무리된다. "이러므로 하나님이 그를 지극히 높여 모든 이름 위에 뛰어난 이름을 주사 하늘에 있는 자들과 땅에 있는 자들과 땅 아래에 있는 자들로 모든 무릎을 예수의 이름에 꿇게 하시고 모든 입으로 예수 그리스도를 주라 시인하여 하나님 아버지께 영광을 돌리게 하셨느니라"(9-11절). 그리스도의 부활을 포함하는 그 승귀는 그를 주님으로 고백하는 전체 피조물에게 인정받는다. '하나님 아버지께 영광을'이라는 표현은 승귀된 그리스도에게 돌리는 이 영광은 동시에 피조물이 아버지에게 돌리는 영광이라는 암시를 준다. 하나님은 예수에게 돌려진 영광으로 영화롭게 되신다.

이처럼 그리스도는 부활을 통해서 주님(Lord)이 된다. 이 단어는 명예와 권한을 시사한다. 바울은 부활한 그리스도를 줄기차게 '주님'(ho kyrios)이라고 부른다. 이 단어가 비록 예수에게만 배타적으로 사용되는 것은 아니라도 그가 부활한 예수께 사용하는 특별한 칭호이다.[26] 퀴리오스(Kyrios)는 종종, 특히 로마서에서(롬 4:8; 9:28, 29; 10:12; 11:3; 12:19) 하나님(아버지)에게도 사용된다. 바울이 그의 서신에서 이 칭호를 자주 사용하는 것을 그가 다메섹에서 부활한 그리스도를 만난 결과로 보는 예레미아스(Jeremias)의 견해가 옳을 수도 있다. 그곳에서 바울은 부활한 그리스도의 능력과 권위에 직접적으로 맞닥뜨렸다.[27] 그 권위는 '땅에 엎드러진' 바울이 "주여 누구시니이까?"라고 묻는

---

[26] 이 칭호는 진정한 바울서신에서 (184번 중에서) 최소한 167번이나 예수 그리스도에게 사용된다. 특별히 구약성경의 인용에서는 하나님에게 사용되기도 하고, 다른 경우에는 다른 주들(lords)에게 사용되기도 한다.

[27] J. Jeremias, "The Key to Pauline Theology," *Exp Tim* 76 (1964-65): 27-30, 특히 28.

(22:8; 26:15 참조) 사도행전 9:5의 만남에 대한 묘사에서 분명하게 강조된다. 또 그때에 바울에게 주어진 명령에서도 강조된다(9:6; 22:10; 26:16). 주님의 권위는 또한 재림 이미지에서도 묘사된다. 데살로니가전서 4:16에 의하면, 주님은 "호령과 천사장의 소리와 하나님의 나팔소리로" 하늘로부터 올 것이다(살전 4:16; 빌 3:21 참조). 이 모든 이미지는 권한을 나타낸다.[28] 빌립보서 3:21에 의하면, 그는 "만물을 자기에게 복종하게 하실 수 있는 자의 역사로 우리의 낮은 몸을" 변화시키려고 올 것이다. 고린도전서 15:25에서 바울은 "그가 모든 원수를 그 발 아래에 둘 때까지 반드시 왕 노릇하시리라"고 단언한다.

많은 신앙고백문에서 바울은 그리스도의 부활을 그의 승귀 및 권한수여와 함께 언급한다. 그래서 그는 로마교회 공동체에게 그의 설교를 하나님의 아들에 관한 복음으로 제시한다. "육신으로는 다윗의 혈통에서 나셨고 성결의 영으로는 죽은 자들 가운데서 부활하사 능력으로 하나님의 아들로 선포되셨으니 곧 우리 주 예수 그리스도시니라"(롬 1:3-4). 바울이 이 신앙고백문을 인용하는 이유는 이 고백문이 그의 믿음과 로마교회 공동체의 믿음을 표현하기 때문이다. 이 고백문은 교회 공동체를 위해서 조심스럽게 선택되었다. 이것은 여전히 강하게 유대적이다. 이것은 예수를 다윗의 후손으로 말하고, '성결의 영'이라는 셈어적 표현을 사용한다. 이 고백문은 바울의 복음은 다윗의 계열에서 태어났고 죽은 자들로부터 부활할 때에 '성결의 영'에 의해서 권한을 부여받은 하나님의 아들에 관한 것이라고 주장한다. 따라서 하나님의 아들의 신분은 '예수의 삶 전체'에, 땅에서 인간의 조건에서 사는 삶과 부활한 후에 승귀된 조건에서 사는 삶 모두에 해당한다. 이 고백문은 예수는 부활할 때에 '능력으로'(in power) 하나님의 아들이 되었다고 진술한다. 이 본문읽기는 하인리히 슐리어(Heinrich Schlier), 조셉 피츠마이어(Joseph Fitzmyer), 제임스 던(J. D. G. Dunn)의 본문읽기와 일치한다.[29] 이 의미에서 이것은 빌립보서

---

28) 이것에 대해서는 Plevnik, *Paul and Parousia*, 84-88을 보라.
29) H. Schlier, *Der Römerbrief* (HTKNT 6; Freiburg, Basel, Vienna: Herder, 1977), 24-25; J.

2:6-11의 찬가와 일치한다. 그 찬가는 예수의 하나님과 동등함에 관해서(그의 '하나님의 아들'됨 대신에), 그의 인간적인 조건에 관해서(그의 자기 비하로서), 그의 승귀된 지위에 대해서(하나님이 그를 영화롭게 하는 것으로서) 이야기한다. 많은 학자들의 견해에 의하면, 로마서 1:3-4에 나오는 찬가는 예수가 부활하는 순간에 하나님의 아들이 되었다고 말한다. 던에 의하면, "예수의 하나님의 아들의 신분은 어떤 의미에서는 그의 부활의 기능이다."[30] 다른 사람들은 예수는 죽은 자들로부터 부활할 때에 '성결의 영'에 의해서 하나님의 아들이 되었거나 하나님의 아들로 임명되었다고 주장한다. 또 다른 사람들은 양자 또는 왕위등극을 주장한다.

그러나 이것은 바울이 제시하는 것과 일치하지 않는다. 바울의 제시하는 바에 의하면, '하나님의 아들' 칭호가 신앙고백문 전체(entire)를 지배한다. 게다가 고백문에 의하면, 육신 안에 있는 하나님의 아들(예수)과 '성결의 영' 안에 있는 하나님의 아들이 대조된다. 후자는 그의 타자성(otherness)을 시사한다. 그의 부활 이래로 예수의 존재는 '성결의 영'에 의해서 구성된다. 그의 부활을 통해서 예수는 하나님의 아들이 된 것이 아니라 '능력 있는'(with power) 하나님의 아들이 되었다. 슐리어가 지적했듯이, 그의 부활을 통해서 예수는 주님이 되었다.[31] 그에 의하면, 이 상세한 기술은 바울이 이곳에 삽입한 것으로 보인다. 이것은 그의 부활을 통해서 예수가 이전에는 소유하지 않았던 권한을 부여받게 되었다고 밝혀 준다. 이렇게 하나님의 아들의 지상존재는 육신에 의해서 결정되고 그의 부활 후의 '능력 있는'(in power) 존재는 '성결의 영'에 의해서 결정되었다. 그는 능력 있는 하나님의 아들이 되었다.[32]

많은 학자들이 '성결의 영'을 성령과 동일시한다. 이 견해는 예수의 부활

Fitzmyer, *Romans* (Anchor Bible 33; New York: Doubleday, 1993), 237; J. D. G. Dunn, *The Theology of Paul the Apostle* (Grand Rapids: Eerdmans, 1998), 243.
30) Dunn, *The Theology of Paul the Apostle*, 244.
31) Schlier, *Der Römerbrief*, 25.
32) Schlier, *Der Römerbrief*, 24.

에서 성령이 감당한 역할에 대한 질문을 야기한다. 이 학자들은 여기에서 성령을 삼위일체의 제삼위로 이해하고, 예수의 고양(elevation)을 그의 인간적인 본성이 신적인 본성으로 고양된 것으로 해석한다. 피츠마이어는 마리-조셉 랑그라주(Marie-Joseph Lagrange)와 조셉 허비(Joseph Huby)가 이 관점을 갖고 있다고 한다.[33] 에른스트 케제만(Ernst Käsemann)에게도 '성결의 영'은 성령이다. 원래는 대부분의 가톨릭 석의가들도 이 견해를 취했다. 하지만 슐리어와 피츠마이어가 지적한 것처럼, 바울 자신은 성결의 영(the spirit of holiness)을 사용하지 않고 오히려 성령(the Holy Spirit, 롬 5:5; 살전 4:8), 하나님의 영(the Spirit of God, 롬 8:9) 또는 단순하게 영(the Spirit, 갈 3:2)을 사용한다. 성결의 영이라는 표현은 유대적인 것이다. 이것은 사해문서(1 QS 4:21; 1 QH 7:6-7)와 중간기 문헌(레위유언서 18:1)에 나타난다.[34] 이 병행들이 셈어적이기 때문에, 피츠마이어와 슐리어는 구약성경의 용례에 의존한다. 슐리어에 의하면, 구약성경에서 '성결의 영'은 여호와의 왕적인 통치, 영광, 권한의 일부인 여호와의 성결(holiness of Yahweh)을 표현한다(시편 29:5; 96:6; 144:5). 따라서 하나님 아들의 성결은 세속(the profane)과 대조를 이룬다. 성결은 여호와의 권한의 영광과 결합되어 있다.[35] 피츠마이어에 의하면, '성결의 영'은 그의 부활 이래로 존재하게 된 '육신'과 상반되는 그리스도의 부분으로 이해되어야 한다. 랑그라주, 허비, 스타니스라스 리오네트(Stanislas Lyonnet)와는 달리, 피츠마이어는 "3절의 '육신'(sarx)은 그의 인간적인 본성을 가리키더라도 (이 성결은) 그리스도의 신적인 본성을 가리키는 방식으로 그래서 마치 그리스도가 줄곧 그의 것이었던 신적인 본성에 완전히 일치하는 직무에 이제야 앉혀진 것처럼, 여겨져

---

[33] M.-J. Lagrange, *Saint Paul: Épître aux Romains* (Paris: Gabalda, 1950), 8; J. Huby, *Saint Paul: Épître aux Romains: Traduction et commentaire* (VS 10; 4th ed. Paris: Beauchesne: 1949), 46; (교정본 ed. S. Lyonnet, 1957), 43-45. Fitzmyer, *Romans*, 236을 보라.
[34] Fitzmyer, *Romans*, 236.
[35] Schlier, *Der Römerbrief*, 25.

서는 안 된다"고 주장한다.[36] 오히려 '성결의 영'은 여기에서 "부활 이래로 그리스도에게 고유한 어떤 것"을 가리킨다. "케제만이 제대로 지적하듯이, 이것은 단지 그의 도덕적인 성결일 뿐만 아니라, 세속과 상반되는 것 그리고 '하나님에게 나아가는 길을 여는' 것이기도 하다."[37] 이것은 그리스도의 인간적인 본성의 고양이다. 그러나 신적인 본성으로 변화되는 것은 아니다.

그렇다면 여기에서 '아들'의 의미는 무엇인가? 케제만에 의하면, "예수의 유일한 신의 아들의 신분을 형이상학적인 의미 이외의 다른 의미로 이해한 신약성경의 저자는 없다. 예수는 신적인 본질을 소유했던 그리고 하나님과 같았던(빌 2:6) 또는 하나님이었던(요 1:1) 존재로서 하나님의 아들이다."[38] 하지만 로마서 1:3-4에서 케제만은 예수가 부활을 통해서 하나님의 아들이 된다고 본다. "그리스도인에게 있어서 성령을 받는 것과 양자가 되는 것은 세례와 관련되어 있다. 따라서 그리스도의 세례는 그리스도인의 세례의 모델이다."[39] 그러나 이 견해는 슐리어와 피츠마이어에 의해서 논박되었다. 이 견해는 하나님의 음성이 예수를 하나님의 아들로 승인하는 것을 보여 주는 복음서들의 예수 세례 이야기들과 일치하지 않는다(막 1:9; 마 3:13-17; 눅 3:20-21). 슐리어에게 있어서 예수는 줄곧 하나님의 아들이었지만, 그의 부활을 통해서 능력 있는 하나님의 아들이 되었다.[40] 그러므로 바울에게 있어서 부활이 예수를 주님으로 만들었다. 그 순간부터 예수는 죽기 전에 인간적인 조건에서는 갖지 못했던 권위를 갖게 되었다. 이것은 예수에게 특이한 것이다. 부활한 그리스도의 주권에 대한 고백은 로마서 10:9에 나오는 신앙고백문에 분명하게 담겨 있다. "네가 만일 네 입으로 예수를 주로 시인하며 또 하나

---

36) Fitzmyer, *Romans*, 236. 피츠마이어는 여기에서 Lagrange, *Saint Paul: Épître aux Romains*, 8; Huby, *Saint Paul: Épître aux Romains*, 46을 언급한다.
37) Fitzmyer, *Romans*, 236.
38) E. Käsemann, *Commentary on Romans* (Grand Rapids: Eerdmans, 1980), 10.
39) Käsemann, *Commentary on Romans*, 13.
40) Schlier, *Der Römerbrief*, 25.

님께서 그를 죽은 자 가운데서 살리신 것을 네 마음에 믿으면 구원을 받으리라." 여기에서 그리스도의 주권과 부활은 구원으로 나아가는 믿음의 문제로 확언된다.

고린도전서 15:24-28에서 바울은 부활한 그리스도가 지상에서 행사하는 권위에 대해서, 즉 그의 능력 있는 역동적인 현존에 대해서 이야기한다. 여기에서 초점은 그의 부활과 종말의 재림 사이에 이루어지는 그의 활동에 맞춰져 있다. 이 권위는 죽음의 세력의 멸망을 포함해서 지상에서 하나님을 대적하는 모든 세력의 멸망을 초래한다. '주님의 오심'(parousia)은 그가 이 임무를 완수하기 전에는 일어날 수 없다. "그 후에는 마지막이니 그가 모든 통치와 모든 권세와 능력을 멸하시고 나라를 아버지 하나님께 바칠 때라"(고전 15:24). 이 구절에 의하면, 부활한 그리스도는 왕이다.

이렇게 부활한 그리스도는 현재 통치하고 있다. 이것이 그의 부활의 효과이다. 그리스도의 부활과 주권의 궁극적인 효과는 그의 종말의 재림이다. 이 재림은 신자들의 부활과 변화를 야기할 것이다(살전 4:16-18; 고전 15:50-54).

1) 교회에서의 그리스도의 권위

바울에게 있어서 그리스도의 부활은 그가 주님이 되는 것과 관련되어 있다. 피츠마이어에 의하면, '주님'이라는 칭호는 부활한 예수를 "팔레스타인 유대인들이 '주님'이라고 부르던 구약성경의 여호와와 동등한 위치에" 올려놓는다. 사해문서에서 발견된 근래의 언어학적인 발견들은 이 용법이 예수의 시대에 사용되었다는 것을 확인해 준다. 피츠마이어는 계속해서 "따라서 바울의 퀴리오스(Kyrios) 사용은 단순히 예수를 하나님으로 확인해줄 뿐만 아니라 또한 그가 예수를 하나님과 동등하게 여겼다는 것도 보여 준다. 그는 하나님을 퀴리오스라고 부르기도 한다." 또한 피츠마이어에 의하면, 바울은 그리스도가 "그의 삶과 모든 그리스도인들의 삶에서 상존하는 영향력(everabiding influence)이 되었다"고 인정한다.[41]

따라서 부활은 예수가 사람들과 모든 접촉을 상실하는 식으로 또는 그들에 대한 모든 영향력을 상실하는 식으로, 그를 땅으로부터 제거하지 않았다. 그 반대로, 예수는 부활을 통해서 주님이 되었고 전체 교회에서 능동적으로 활동한다. 신자들은 '주님 안에' 있다고 또는 '주님과 함께' 있다고-비록 이 표현은 매우 자주 그의 재림과 그 이후에 그의 곁에 그리고 그와 함께 있는 것을 의미하더라도-말한다. 신자들은 '주님의 이름을' 부른다. 그래서 바울은 고린도 교인들에게 "고린도에 있는 하나님의 교회 곧 그리스도 예수 안에서 거룩하여지고 성도라 부르심을 받은 자들과 또 각처에서 우리의 주 곧 그들과 우리의 주 되신 예수 그리스도의 이름을 부르는 모든 자들에게"(고전 1:2)라고 인사한다. 신자들은 부활한 주님의 통치 안에 있다고, "그리스도 예수 안에서 하나님께 대하여 살아 있다"(롬 6:11)고 말한다.[42] 이 소속은 주님과 갖는 능동적인 관계이다. 바울은 "우리가 살아도 주를 위하여 살고 죽어도 주를 위하여 죽나니 그러므로 사나 죽으나 우리가 주의 것이로다"(롬 14:8)고 말한다.

2) 신자들 안에 있는 그리스도

이처럼 부활 덕분에 그리스도는 지상에서 새롭고 권위 있는 방식으로 존재할 수 있게 되었다. 학자들은 부활한 그리스도의 통치, 그의 능동적이고 권위 있는 현존(presence), 그의 신자들에 대한 보호와 그들에게 주는 권한부여에 대해서 이야기한다. 바울의 다메섹 경험이 이것을 확증해 준다(갈 1:16). 그는 갈라디아교인들에게 "이제는 내가 사는 것이 아니요 오직 내 안에(en) 그리스

---

41) Fitzmyer, *Romans*, 112-13.
42) 이것에 대해서는 R. C. Tannehill, *Dying and Rising with Christ: A Study in Pauline Theology* (BZNW 32; Berlin: Töpelmann, 1967), 14-20을 보라.

도께서 사시는 것이라"(갈 2:20)고 진술했다. 그리스도가 바울의 새로운 신분 (identity)이 되었다.

신자들이 그리스도와 이루는 연합을 표현하는 비슷한 말이 있다. 신자들은 '그리스도에게 속한 사람'(롬 8:1; 고전 15:23)이고, 그의 죽음과 부활을 공유하면서 그리스도와 함께 자란 사람이고(롬 6:5), '그리스도 안에' 있는 '새로운 피조물'인 사람이다(고후 5:17). 전치사 안에(in)는 바울서신에서 165번 나타나고, 바울과 신자들의 그리스도에 대한 관계, 그리스도를 통해서 이루어지는 바울의 활동, 그리스도를 통해서 이루어지는 하나님의 활동을 표현한다. 그래서 신자들은 '그리스도 안에'(고전 3:9; 빌 4:21) 있고, '그리스도 안에서' 의롭게 되었고(갈 2:17), '그리스도 안에서' 죽었고(고전 15:18), '그리스도 안에서' 살아나게 될 것이다'(고전 15:22). '그리스도 안에' 있는 사람들은 새로운 피조물이다(고후 5:17). 교회들은 '그리스도 안에'(갈 1:22; 살전 1:1; 2:14) 있다.

바울 자신은 주님과 연합해서 그리고 그의 권위에 따라서 행동한다. 그래서 그는 '주 예수 안에서' 어떤 음식도 더럽지 않다고 충고하고(롬 14:14), '주 안에서' 권면한다(롬 15:30). 그는 고린도교회 공동체의 범죄자를 '주 예수의 이름으로' 심판한다(고전 5:4). 그는 신자들을 '그리스도 예수 안에서' 사랑하고(고전 16:24), 그리스도의 이름으로 심판한다(고전 5:4). 그는 '그리스도 안에서 하나님 앞에서 말하고'(고후 12:19) 있고, '그리스도 예수 안에서' 자랑하고(빌 1:26; 3:3), '그리스도 안에서' 하나님께 감사드린다(살전 5:18). 그리스도 예수 안에서 신자들은 '믿음으로 인한 하나님의 자녀'이다(갈 3:26). 신자들은 '그리스도 예수 안에 있던 마음과 똑같은 마음'(빌 2:5)을 가져야 한다. 전치사 안에(in)는 또한 그리스도를 통해서 이루어지는 하나님의 활동을 표현한다. 하나님은 '그리스도 예수 안에서' 화해하고 계신다(고후 5:19). 그리스도 안에서 하나님은 바울을 '승리의 행진으로' 이끄신다(고후 4:14). 그리고 그리스도 예수 안에서 아브라함의 복은 '이방인들에게로 온다'(갈 3:14).

그리스도와의 연합은 또한 '내 안에 있는 그리스도'(갈 2:20; 고후 13:5; 롬 8:10)로 표현될 수도 있다. 신자들은 '그리스도 예수 속으로(eis) 세례를 받은 사람'(롬 6:3)이다. 이 본문에서 전치사 속으로(into)는 '그리스도 안에'로 표현되는 관계의 시작을 가리킨다.

또한 신자들은 비록 이 표현은 보통 종말의 완성을 가리키더라도, '주님과 함께' 있다고 말한다. 복합구조에서 사용되는 전치사 함께(with)는 그리스도와 신자들 사이의 공재(togetherness), 즉 공존(joint existence)을 나타낸다. 그래서 로마서 6:4에서 바울은 "그러므로 우리가 그의 죽으심과 합하여 세례를 받음으로 그와 함께 장사되었나니 이는 아버지의 영광으로 말미암아 그리스도를 죽은 자 가운데서 살리심과 같이 우리로 또한 새 생명 가운데서 행하게 하려 함이다"고 진술한다. 로마서 6:5에서 바울은 "만일 우리가 그의 죽으심과 같은 모양으로 연합한 자(symphytoi)가 되었으면 또한 그의 부활과 같은 모양으로 연합한 자도 되리라"고 설명한다.

전치사 통하여/말미암아(through, dia)는 부활한 그리스도를 통하여 이루어지는 하나님의 행동의 수단 또는 바울의 행동, 기도, 감사, 기쁨, 권면의 수단을 나타낸다. 두 경우 다 부활한 주님이 활동하고 있다. 그래서 하나님은 궁극적으로 죽은 신자들을 '예수를 통해서'(살전 4:14) 인도하시고, '예수 그리스도를 통해서(dia)…모든 사람들의 감춰진 생각'을 심판하실 것이다(롬 2:16). 예수 그리스도는 그들이 하나님과 맺고 있는 현재적인 관계의 수단이고, 이것은 전치사 안에(en)의 용법과 비슷하다.

바울은 "그러므로 우리가 믿음으로 의롭다 하심을 받았으니 우리 주 예수 그리스도로 말미암아(dia) 하나님과 화평을 누린다"(롬 5:1)고 말한다. 신자들은 "우리 주 예수 그리스도로 말미암아 하나님 안에서 또한 즐거워한다"(롬 5:11). 신자들 안에서 은혜는 '의로 말미암아'(롬 5:21) 통치한다. 바울은 '주 예수로 말미암아'(살전 4:2) 교훈한다. 이 표현은 활동의 장소를 정하는 반면에,

그 의미는 기본적으로 동적(dynamic)이다. 이 표현은 바울과 신자들에게 그리고 그들 안에서 작용하는 부활한 그리스도의 능력을 드러낸다.[43]

---

43) 이것에 대해서는 J. Fitzmyer, "Pauline Theology," in *The New Jerome Biblical Commentary*, ed. by R. E. Brown, J. Fitzmyer, and R. E. Murphy (Englewood Cliffs, NJ: Prentice Hall, 1990), 1382-1416, 특히 1409를 보라.

What Are They Saying About Paul and the End Time?

3

'죽은 자들의 부활'은 어떤 모습일까?

고린도전서 15:35-56

지금까지 바울은 죽은 자들의 부활의 실제를 그리스도의 부활의 포괄적인 완성으로 제시해 왔다. 미래의 부활을 반대하는 고린도 교인들은 부활이 어떤 모습일지에 대해서 그들 나름대로의 생각을 갖고 있었을 것이다. 그들이 반대한 이유 중의 일부는 미래의 부활을 이 생명(this life)으로 되돌아오는 것으로 여기는 생각이었던 것으로 보인다. 바울은 이제 그들에게 미래의 부활은 이 생명으로 되돌아오는 것이 아니라고 설명한다.

1. 논증

1) 질문이 무엇인가?

고린도전서 15:35에서 바울은 또 다른 문제로 나아간다. "누가 묻기를 죽은 자들이 어떻게 다시 살아나며 어떠한 몸으로 오느냐 하리라." 대부분의 학자들은 여기에는 부활한 몸(the resurrected body)이라는 단 하나의 이슈만이 있다고 보았다. 따라서 두 번째 질문은 첫 번째 질문을 반복하거나 상술한다. 이것은 예레미아스(Jeremias)가 주장하는 것처럼, 별개의 질문이 아니다.[1] 이 질문은 부활에 대한 고린도 교인들의 반대와 관련이 있을 것이다. 어떤 사람들은 부활을 현재의 몸으로 되돌아오는 것으로 생각했을 것이다.

어쨌든 바울은 이제 부활은 어떤 모습일지 좀 더 정확하게 말하자면, 부활한 몸은 어떤 모습일지를 묘사한다. 그는 죽고 사는 것을 땅에 묻히는 씨에 비교한다. 씨는 죽고 싹을 틔우고 하나님이 주신 대로 동일한 종류의 새로운 식물이 된다(15:36-38). 다음으로 그는 무엇이 땅의 존재들을 서로 다르게 만드는지 그리고 무엇이 하늘의 존재들을 서로 다르게 만드는지를 설명한다.

그에 의하면, 땅의 몸들은 그들이 갖고 있는 육체의 종류에 있어서(in the kind of flesh) 서로 다르고 하늘의 몸들은 그들이 갖고 있는 영광의 정도에 있어서(in the degree of glory) 서로 다르다. 이 덕분에 그는 수치스러운 땅의 몸들에서 영광스러운 하늘의 몸들로 부활 때에 일어나는 전이(transition)를 설명할 수 있게 된다(39-41절). 42-49절에서 그는 모델인 부활한 그리스도를 바라보면서 둘째 아담의 몸과 같은 썩지 않고 천상적이고 영적인 몸에 대해서 이야기한다. 그런 후에 50-54절에서 그는 이 변화(change)의 필요와 이유를 밝힌다. 이 변화는 하나님 나라에 들어갈 수 있는 조건이다. 왜냐하면 썩는 것은 썩지 않는 것을 '상속받을' 수 없기 때문이다. 그는 이 적응이 실현될 때로 주님의 오심을 가리킨다. 55절에서 그는 죽음에 대한 승리의 노래로 마무리한다. "사망아 너의 승리가 어디 있느냐 사망아 네가 쏘는 것이 어디 있느냐?"

56-58절은 이 설명에 대한 사실상의(actual) 결론이지만, 이 장의 내용과는 별 상관이 없어 보인다. 이 구절들은 고린도전서 15장에 속하기보다는 갈라디아서와 로마서의 범주에 속하는 것으로 보인다. 그래서 우리는 이 구절들

---

[1] J. Jeremias, "Flesh and Blood Cannot Inherit the Kingdom of God (1 Cor XV.50)," *NTS* 2 (1955-56): 151-59.

을 논의에서 생략하려고 한다.[2]

바울은 35절에서 고린도 교인들을 질의응답의 대화에 끌어들인다. 콘첼만(Conzelmann)은 이 질문들이 죽은 자들의 부활에 대한 고린도 교인들의 반대를 다루는지를 의아해하는 반면에, 슈미탈스(Schmithals)는 고린도 교인들이 과연 이 몸으로 돌아오는 것에 대한 그들의 반대를 표현하는 질문을 했는지를 의심한다.[3] 그러나 바울은 이 질문들을 심각하게 다룬다. 피(Fee)의 지적에 의하면, 바울의 강력한 언어-'어리석은 자여'(36절)-와 36-55절에 제시된 대답의 범위와 강도는 이 질문이 '단지 가설적인' 질문이 아니라는 암시를 준다.[4] 바울은 부활은 이 몸-여기에서는 '혈과 육'으로 표현된-으로 돌아오는 것이 아님을 설명하기 위해서 여기에서 모든 노력을 기울이고 있다. 그는 현재의 몸의 변화(transformation)를 강력하게 주장한다.

바울은 이 질문들에 어떻게 대답하는가? 우리가 살펴보았듯이, 고린도전서 15장에는 두 질문이 들어 있다고 생각하는 예레미아스는 "죽은 자들이 어떻게 다시 살아나느냐?"는 질문은 부활이 어떻게 일어나는지를 다루고, "그들은 어떠한 몸으로 오느냐?"는 질문은 그것이 어떤 모습인지를 다룬다고 주장한다. 그에 의하면, 바울은 후자의 질문을 먼저 다룬다. 36-49절에서는 부활 때에 얻게 되는 '새로운 육체성'(new corporeality)을 논하는 반면에, 50-55절에서는 '부활의 사건'에 대해서 이야기한다.[5] 하지만 49절과 50절 사이를 강

---

[2] 어떤 저자들은 이것을 후에 첨가된 것으로 생각하는 반면에, 다른 자자들은 고린도전서 15장의 진정한 바울적인 결론으로 간주한다. 이것에 대해서는 P. J. Thompson, "'Death, Where Is Thy Victory?' Paul's Theology in the Twinkling of an Eye," in *Resurrection in the New Testament. Festschrift J. Lambrecht*, ed. R. Bieringer, V. Koperski, and G. Lataire (BETL 165; Leuven: University Press, 2002): 357-86을 보라.

[3] Conzelmann, *1 Corinthians*, 280. Schmithals(*Gnosticism in Corinth*, 155-56)에 의하면, "고린도 사람들이 35절의 질문을 제기했다는 것은 심각하게 의심받아야 한다." 바울은 '지레짐작한(surmised) 반대'를 다루고 있다. 따라서 이 절들은 "단지 그 상황에 관한 바울의 관점을 반영할 뿐이다."

[4] Fee, *The First Epistle to the Corinthians*, 775 각주 1.

[5] Jeremias, "Flesh and Blood," 154-57. 또한 J. Jeremias, *Abba* (Göttingen: Vandenhoeck & Ruprecht, 1966), 298-307, 특히 302-5도 보라.

하게 단절시키는 이 해석은 본문의 어휘와 사고의 흐름에 일치하지 않는다. 어쨌든 예레미아스의 주장은 학자들의 호응을 얻지 못했다.

본문을 살펴보면, 이 단락의 언어는 부활 때의 변화를 다루는 언어와 동일한 것을 알 수 있다. 이 논의가 진행되면서, 50절에 사고의 발전과 확장이 나타나는 것이 확실하다. 바울은 49절과 50절 사이에서 수사학적인 전환을 하지만, 이 지점에서 "죽은 자들이 어떻게 다시 살아나느냐?"는 첫 번째 질문을 다루는 것은 아니다.[6] 그는 여전히 "부활한 몸은 어떤 모습일까?"라는 질문에, 그 몸의 다름(otherness) 및 주님의 재림 때에 살아 있는 자들과 죽은 자들이 변화돼야 할 필요를 단언하면서, 대답하고 있다.

2) 씨(seed)와의 비교

슈라게(Schrage)가 고찰한 것처럼, 부활이 '어떻게'(how) 일어나느냐는 질문은 몸(body)을 다룬다. 왜냐하면 몸이 없다면, 부활은 아무런 의미도 없기 때문이다. 이 두 질문은 부활한 몸과 관련이 있다. 바울은 부활을 하나님의 행위로 본다. 그래서 슈라게는 '어리석은 자여'라는 신랄한 반응은 아마도 그런 질문들을 하는 사람은 하나님의 능력과 지혜를 알지 못한다는 것을 시사할 것이라고 주장한다.[7] 씨의 실례가 보여 주듯이, 자연의 예들이 부활에 빛을 밝혀 준다.

하지만 어떤 학자들은 이 자연과의 비교를 좋아하지 않는다. 어떻게 자연이 궁극적으로 신앙의 대상인 것을 예증할 수 있단 말인가? 이 반대는 모든 자연의 지원을 거부하는 불트만(Bultmann)의 '오직 믿음으로'(faith alone)라는 이해와 같은 기류를 보인다. 그러나 다른 학자들은 예수 자신이 하나님의 나

---

6) Jeremias, "Flesh and Blood," 155.
7) Schrage, *Der erste Brief an die Korinther*, 279. K.-H. Müller, "Die Leiblichkeit des Heils. 1 Kor 15,35-58," in de Lorenzi, *Resurrection*, 171-225.

라가 어떤 모습인지를 예증하기 위해서 자연 비유들과 인간 행동을 사용했다고 강조한다. 갈라디아서와 로마서에서 믿음을 매우 강조하는 바울 자신은 여기에서 이런 어려움과 관련되어 있는 것 같지 않다. 그는 이런 어려움에 깜짝 놀랄 것이다.[8] 그는 이 예를 그가 유용하게 여기는 정도까지 사용한다. 그는 이 안에서 죽은 자들의 부활에서 작용하는 하나님의 동일한 손을 본다. "하나님이 그 뜻대로 그에게 형체(body)를 주시되 각 종자에게 그 형체를 주시느니라"(고전 15:38).

씨의 유비(analogy)는 종종 다른 곳에서도 사용되어 왔다. 그러나 여기에서와 같은 의미로 사용된 적은 한 번도 없다. 바울은 먼저 씨의 죽음을 강조한다. "너의 뿌리는 씨가 죽지 않으면 살아나지 못한다"(36절). 그에게 씨는 정말로 죽는다. 오늘날이라면, 그는 이것을 그렇게 단정적으로 진술하지 않을 것이다. 왜냐하면 지금 우리가 알고 있다시피, 씨는 적절한 환경조건들이 발아하고 싹을 틔우고 식물로 자라도록 허용해줄 때까지 땅 속에서 휴면 상태로 누워 있기 때문이다. 하지만 바울은 씨의 죽음을 사람이 죽어서 매장된 후에 그의 몸에 일어나는 것과 비슷한 것으로 생각한다. 그 몸에는 생명의 약속이 남아 있지 않다. 즉 사람의 몸은 정말로 죽고 분해된다. 여기에서 죽음은 절대적이다. 묻힌 씨는 사람의 죽음과 비슷하고 바울에게는 실제적인 단절을 예증한다. 씨는 죽는다. 자라나는 새로운 식물은 하나님이 주신 식물이다. 이 씨와 이 식물 사이에 서로 일치하는 것이 있더라도, 이 식물은 이 씨가 아니다. 이 식물은 단지 죽은 씨가 취했던 종류와 같은 종류일 뿐이다.

이와 유사하게 죽는 사람의 몸과 죽은 자들로부터 살아나는 몸은 동일한 몸이 아니다. 씨는 그것에서 자라나는 식물과 다르듯이, 매장된 몸도 살아날 몸과 다르다. 그리고 씨와 그것에서 자라나는 식물 사이에 서로 일치하는 것이 있듯이, 죽는 이 몸과 살아날 몸 사이에도 서로 일치하는 것이 있다. 씨와

---

[8] 이것은 슈라게도 공유한다. Schrage, *Der erste Brief an die Korinther*, 281.

의 비유에서 제시된 정체성은 유지된다. 그리고 이것은 하나님 덕분으로 간주된다. "하나님이 그 뜻대로 그에게 형체를 주시되 각 종자에게 그 형체를 주시느니라"(38절). 그래서 슈라게를 포함한 대부분의 학자들은 "단절과 연속은 양립할 수 없는 것이 아니다"라고 주장한다.[9] 바울은 이것을 완전히 새로운 피조물(wholly new creation)로 설명하지 않고 하나님에 의해서 이루어진 몸의 변화(transformation)로 설명할 것이다. 슈라게에 의하면, 바울은 정체성을 보존하는 이 변화에서 지속되는 것이 무엇인지는 설명하지 않는다. 그는 이것을 단순히 하나님에게 돌린다.[10]

바울이 비록 비유에서 한 자연 사건을 예로 사용했더라도, 그에게 있어서 그 가능성은 자연 과정에 달려 있지 않고 하나님의 능력에 달려 있다. 모든 파종하는 사람이 기대하는 것처럼, 씨와 식물 사이에는 연속이 있다. 그와 마찬가지로 땅 속에 눕혀진 몸과 부활의 몸 사이에는 연속이 있다. 이 경우에 몸을 매장하는 사람들은 그 몸의 부활을 자연의 소산으로가 아니라 하나님의 행위로 기대한다. 부활은 전적으로 죽은 자들을 생명으로 일으키시는 하나님의 행위이다.

3) 땅과 하늘의 다양한 존재: 고린도전서 15:39-41

고린도전서 15:39-41에서 바울은 또 다른 비교로 넘어간다. 땅의 몸들 사이의 차이들과 하늘의 몸들 사이의 차이들의 비교이다. 그의 의도는 현재의 인간 존재(present human existence) 같은 보다 낮은 존재질서(a lower order of existence)로부터 부활의 생명(resurrection life) 같은 보다 높은 존재질서(a higher order of existence)로의 이동을 설명하는 것이다. 씨와 식물의 비유로는 충분하

---

9) Schrage, *Der erste Brief an die Korinther*, 279. A. Robertson and A. Plummer, *The First Epistle of St. Paul to the Corinthians* (ICC; Edinburgh: Clark, 1963), 369.
10) Schrage, *Der erste Brief an die Korinther*, 286.

지 않다. 그 예에서는 최종적인 산물(식물)도 여전히 씨처럼 동일한 자연적인 차원에 머물고 있다. 즉 식물과 씨 둘 다 땅의 존재들에 속해 있다. 부활은 보다 낮은 존재 차원으로부터 보다 높은 존재 차원으로의 도약을, 바울의 표현을 사용하자면 육체의 차원으로부터(from the level of the flesh) 하늘의 존재들과 영의 차원으로(to the level of the heavenly beings and the spirit)의 도약을 의미한다.

바울은 땅의 몸들(bodies)은 그들이 갖고 있는 육체(flesh)의 종류에 의해서 서로 다르다고 말한다. 그는 여기에서 모든 땅의 몸들을 고려하지는 않는다. 단지 살아 있는 존재들만을, 육체를 지닌 존재들만을 고려한다. 그는 육체(flesh, sarx)라는 단어를 사용한다. 왜냐하면 그는 사람의 몸에 대해서 사고하기 때문이다. 그는 사람, 동물, 새, 물고기를 언급한다. 이 생물의 구분은 비록 그 순서가 서로 정반대이더라도 창세기 1:20-27에 나오는 창조 이야기에서 취해졌을 것이다. 비슷한 구분이 시편 8:8-9과 창세기 1:21에 나온다. 바울은 사람에게 초점을 맞춘다. 그래서 그는 사람을 맨 먼저 언급한다. 그의 서술은 철학적이고 우주적이라기보다는 성경적이다. 학자들은 여기에서 바울이 아리스토텔레스 철학이 그러는 것처럼 질료와 형상의 차원에서 사고하지 않는다는 데에 동의한다.[11] 바울에게 있어서 모든 종류의 몸들(sōmata)은 '육체'로 구성된다. 그것들은 각자가 지닌 육체의 종류에 의해서 서로 구분된다. 하지만 그것들은 모두 약함, 불완전, 사멸을 구현한다.

그런 후에 바울은 시선을 하늘의(celestial) 몸들로 옮긴다. 비록 에푸라니아(epourania)라는 하나의 헬라어 단어가 다음의 두 단어로 번역되더라도, 여기에서는 '하늘의'라는 뜻의 'heavenly' 대신에 'celestial'를 사용한다. 왜냐하면 바울은 여기에서 해, 달, 별들을 언급하기 때문이다. 이 몸들은 육체를 갖고 있지 않다. 바울은 이것들은 각자 갖고 있는 영광의 양에 있어서 서로 구분된

---

11) Schrage, *Der erste Brief an die Korinther*, 289-90.

다고 설명한다. 어떤 것들은 다른 것들보다 더 많은 영광을 갖고 있다. 그런 후에 그는 하늘의 몸들은 땅의 몸들보다 더 많은 영광을 가지고 말하면서, 모든 하늘의 몸들과 모든 땅의 몸들을 비교한다. 이 말은 그가 땅의 존재들은 수치스럽다고 말하는 고린도전서 15:42-44의 진술과 약간의 차이를 보인다.

묵시사상적 및 헬레니즘적 견해와 마찬가지로 바울은 이 하늘의 몸들을 살아 있는 존재로 생각하고 있다고 보는 슈라게와 다른 많은 학자들의 주장은 아마도 옳을 것이다.[12] 그러나 바울의 견해에는 적절하지 않다. 왜냐하면 그는 부활한 신자들이 별들과 같이 될 것이라고 시사하지는 않기 때문이다. 바룩2서(2 Baruch)의 저자는 그렇게 한다. 바룩2서 51:3-10에 의하면, 의인들은 '소멸하지 않는 세계'를 상속받을 것이고 '천사들의 광채로' 변화될 것이고 '별들과 동등하게' 될 것이다. 그들은 "아름다움에서 사랑스러움에 이르기까지 또 빛에서 영광의 광채에 이르기까지 그들이 원했던 바로 그 모양으로 변화될 것이다." 하지만 바울에 의하면, 부활한 신자들은 '하늘의 사람'(고전 15:48)처럼 될 것이다. 그가 지금 강조하는 것은 이 하늘의 존재들은 그것들이 지닌 영광의 양에 있어서 서로 구분된다는 것이다. 땅의 존재들은 그것들이 지닌 육체의 종류에 의해서 서로 구분되듯이, 하늘의 존재들은 그것들이 지닌 영광의 양에 의해서 구분된다. 바울은 해와 달과 별들 사이뿐만 아니라 별들 사이도 구분한다. 그것들은 각자 서로 다른 정도의 영광을 갖고 있다.

4) 적용: 고린도전서 15:42-49

이 비교들과 설명들을 제공한 후에, 바울은 이제 땅에 있는 현재의 인간적인 생명으로부터 하늘에 있게 될 부활한 존재의 영광스러운 생명으로의 변이(transition)를 설명한다. "죽은 자의 부활도 그와 같으니 썩을 것으로 심고 썩지 아니할 것으로 다시 살아나며 욕된 것으로 심고 영광스러운 것으로 다

---

12) Schrage, *Der erste Brief an die Korinther*, 292-93.

시 살아나며 약한 것으로 심고 강한 것으로 다시 살아나며 육의 몸(a physical body)으로 심고 신령한 몸(a spiritual body)으로 다시 살아나나니 육의 몸이 있은즉 또 영의 몸도 있느니라"(고전 15:42-44).

여기에서는 사람들에게 초점을 맞춘다. 땅의 몸들과 하늘의 몸들의 비교는 죽은 자들의 부활은 땅의 존재로 회귀하는 것이 아니라 하늘에서 영광스러운 존재로 시작하는 것이라고 분명하게 밝혀 주었다. 땅의 몸들과 부활한 몸들 사이의 대조는 땅 속에 묻힌 씨에 대한 말에서 여러 번에 걸쳐서 확인되었다. 바울은 계속해서 '심겨졌다'는 말을 사용한다. 썩는 것과 썩지 않는 것이, 욕된 것과 영광스러운 것이, 약한 것과 강한 것이, 육의 몸과 영의 몸이 서로 대조를 이룬다. 슈라게에 의하면, '심겨졌다'는 말은 매장하는 것을 가리키기보다는 죽음 이전의 전반적인 땅의 존재를 가리킨다.[13]

바울은 45절에서 첫째 아담과 마지막 아담을 인간 존재의 원형들로 대조시키면서, 더 강하게 비교한다. 첫째 아담은 "생령"(a living being)이었던 반면에, 둘째 아담은 "살려 주는 영"(a life-giving spirit)이 되었다. 첫째 사람은 '땅에서' 난 반면에, 둘째 사람은 '하늘에서'(47절) 났다. 바울은 모든 사람을 먼저는 아담에게 포함시키고 나중에야 둘째 아담에게 포함시킨다. '첫째 사람'이 '흙에 속한' 땅의 사람들의 원형인 것과 마찬가지로 마지막 사람, 하늘의 사람은 '하늘에 속한' 모든 사람의 원형이다. 바울은 "우리가 흙에 속한 자의 형상을 입은 것같이 또한 하늘에 속한 이의 형상을 입으리라"(고전 15:49)고 하면서 고린도 교인들을 안심시킨다. 이처럼 부활한 몸은 이전에는 갖지 못했던 하늘의 형체를 갖게 될 것이다.

부활한 몸의 초월적인 특성은 바울이 "하나님께서 지으신 집 곧 손으로 지은 것이 아니요 하늘에 있는 영원한 집"에 대해서 이야기하는 고린도후서 5:1-10에서도 주장된다. 그는 현재의 '죽을' 몸은 '생명에 삼킨 바'(고후 5:4)

---

13) Schrage, *Der erste Brief an die Korinther*, 294-95.

될 것이라고 말한다. 그는 이것을 자연적인 사건 또는 과정으로 보지 않고, 하나님의 행위와 그리스도의 행위로 본다. 부활한 몸은 하나님이 만드신다.

보다 더 중요한 것은 부활의 몸이 '하늘에 속한 사람'인 부활한 주님의 몸과 같이 될 것이라는 점이다. 그러므로 부활은 단지 바룩2서에 나오는 것처럼 단지 한 하늘의 몸으로 변하는 것일 뿐만 아니라, 부활한 그리스도와도 같아지는 것이다. 부활은 그리스도의 부활을 전유하는 것이다. 우리의 부활은 그리스도의 부활과 같을 것이다. 그리고 부활한 상태에서 우리는 그와 같을 것이다.

이 모든 것은 부활한 주님에게 새로운 의미와 기능을 부여한다. 그는 '살려주는 영'(고전 15:45)이다. 이 표현은 부활한 그리스도는 부활의 생명을 수여하는 데에 적극적으로 관여하고 있다는 암시를 준다. 바울은 이것을 빌립보서 3:21에서 훨씬 더 분명하게 밝힌다. 주님은 "만물을 자기에게 복종하게 하실 수 있는 자의 역사로 우리의 낮은 몸을 자기 영광의 몸의 형체와 같이 변하게" 할 '구원자'로 하늘로부터 내려온다. 부활한 그리스도가 직접 우리의 땅의 몸들을 그의 부활한 영광스러운 몸의 형체로 변화시킬 것이다. 이 점에서 바울은 당시의 유대적인 '사후' 이해들과는 본질적인 차이를 보여 준다.

5) 포괄적인 결론: 고린도전서 15:50-55

여전히 부활 때에 일어날 변화에 대해서 말하고 있는 고린도전서 15:50에서 바울은 궁극적인 실재인 하나님 나라에 들어가는 조건에 대해서 이야기한다. 그는 몸의 변화(transformation of the body)를 하나님 나라에 들어가는 조건으로 제시한다. "형제들아 내가 이것을 말하노니 혈과 육은 하나님 나라를 이어받을 수 없고 또한 썩는 것은 썩지 아니하는 것을 유업으로 받지 못하느니라"(50절). 다음의 절들에서 그는 종말의 신비를 드러낸다. "우리가 다 잠잘 것이 아니요 마지막 나팔에 순식간에 홀연히 다 변화되리니 나팔소리가 나매 죽은 자들이 썩지 아니할 것으로 다시 살아나고 우리도 변화되리라 이 썩을 것이 반드시 썩지 아니할 것을 입겠고 이 죽을 것이 죽지 아니함을 입으리로다"(51-53절).

50절에서 바울은 하나님 나라와 관련해서 부활의 몸이 달라야만 하는 필요를 설명한다. "또한 썩는 것(hē phthora)은 썩지 아니하는 것(tēn aphtharsian)을 유업으로 받지 못한다"는 구절은 석의가들에게 아주 많은 고민을 야기했다. 왜냐하면 예레미아스에 의하면, 이 구절은 두 방식으로 해석될 수 있기 때문이다. 모든 것은 50절의 두 절을 서로 어떻게 관련짓느냐에 달려 있다. 한 방식은 50b절의 "또한 썩는 것(hē phthora)은 썩지 아니하는 것(tēn aphtharsian)을 유업으로 받지 못한다"는 두 번째 절은 "혈과 육은 하나님 나라를 이어 받을 수 없다"는 첫 번째 절의 재진술(restatement)로 보는 것이다. 그렇다면 두 번째 절은 단지 첫 번째 절을 다른 말로 반복하면서 강화할 뿐이다. 그리고 두 절 모두 살아 있는 자들에 대한 언급이다. 예레미아스가 선호하는 다른 방식은 두 번째 절이 첫 번째 절에 새로운 것을 첨가하는(adding) 것으로 보는 것이다. 이것은 살아 있는 자들에 대한 언급이 아니라 죽은 자들, 즉 시체들에 대한 언급이다. 그렇다면 '혈과 육'(살아 있는 사람들)도 하나님의 나라에 들어갈 수 없고 또 죽은 자들(시체들)도 하나님의 나라에 들어갈 수 없다는 진술이 된다. 하나님의 나라는 부패할 수 없는 반면에, 그들은 부패에 감염되었기 때문이다.

그의 분석에 개연성을 부여하기 위해서 예레미아스는 49절과 50절을 강하게 단절시키고 36-49절과 50-55절 사이에 전환이 있다고 주장했다. 그에 의하면, 36-49절은 변화를 다루는 반면에 50-55절은 부활을 다룬다. 그러나 동일한 어휘가 보여 주듯이, 이 주장은 사고의 흐름과 상반된다. 예레미아스에 의하면, 50절의 이중(twofold)의 주장은 51-54절에서도 유지된다. 51절에서 바울은 "우리가 다 잠잘 것이 아니요…다 변화되리니"라고 주장하면서,

변화는 죽은 자들과 함께 살아 있는 자들에게도 영향을 미칠 것이라는 암시를 준다. 52절에서 그는 "죽은 자들이 썩지 아니할 것으로 다시 살아나고 우리도 변화되리라"고 주장하면서, 분명하게 살아 있는 자들과 죽은 자들을 언급한다. 예레미아스에 의하면, 이 이중의 주체는 바울이 '이 썩을 본성'(to phtharton)과 '이 죽을 본성'(to thnēton)에 대해서 이야기하는 53절과 '이 썩을 몸'(to phtarton)과 '이 죽을 몸'(to thnēton)에 대해서 언급하는 54절에도 들어 있다. 이렇게 바울은 처음부터 끝까지 이중의 주체를 언급하고 있다.[14]

이 해석은 학자들에게 전폭적인 동의를 받지 못했다. 피, 콘첼만, 존 길만(John Gillman), 나 같은 다른 많은 학자들은 50절에 동의어대구법(a synonymous parallelism)이 나온다고 생각한다.[15] 학자들은 헤 프토라(hē phthora)는 절대로 이런 의미로 사용된 적이 없다는 지적을 했다. 그래서 많은 학자들이 동의어대구법을 선택했는데, 이것은 살아 있는 자들과 죽은 자들이라는 두 주체가 분명하게 나오는 52-54절과 대조를 이룬다. 살아 있는 자들과 죽은 자들은 주님이 오실 때에 변화될 것이다. 예레미아스가 파악한 것처럼, 여기에는 분명히 외관상의 대구법(a synthetic parallelism)이 사용된다.

이것은 앞의 논의와는 어떻게 관련되는가? 우리의 분석으로는, 만약 바울이 부활을 '육과 혈'로 복귀하는 것으로 여기는 고린도 교인들의 생각에 이의를 제기하는 것이라면, 서로 잘 어울린다. 그는 그 상태는 여전히 부패성과 사멸성의 특성을 갖게 되고 따라서 그 누구에게도 하나님 나라에 들어갈 자격이 주어지지 않는다고 밝힐 것이다. 그러나 우리가 예레미아스의 외관상의 대구법을 취하더라도 동일한 강조가 이루어질 수 있다.

피에 의하면, 50절의 이 두 절은 서로 함께 "현재의 육적인(physical) 표현

---

14) Jeremias, "Flesh and Blood," 299-300.
15) Plevnik, *Paul and the Parousia*, 149. Fee, *The First Epistle to the Corinthians*, 798. J. Gillman, *Transformation into the Future Life. A Study of 1 Cor 15:50-53* (미간행 박사논문; Leuven: Catholic University, 1980), 320-22(Fee, *The First Epistle to the Corinthians*, 798에서 인용).

속에 있는 몸은 47-49절에 묘사된 하늘의 존재를 상속받을 수 없다"고 단호하게 선언한다. '썩는 것'으로 번역된 두 번째 용어(hē phthora)는 "이미 죽은 것을 가리키는 것이 아니라, 현재의 형태로 부패에 종속되어 있는 것을, 영원한 생명의 가능성을 본질적으로 배제하는 것을 가리킨다." 피에 의하면, 대조는 "시체들과 그들의 소생된 몸들 사이에 있지 않고 현재의 땅의 표현 속에 있는 몸들과 그리스도의 영화된 몸의 형체로의 변화 사이에 있다."[16)]

하지만 이것은 51-52절에 나오는 "우리가 다 잠 잘 것이 아니요…다 변화되리라"와 "죽은 자들이 썩지 아니할 것으로 다시 살아나고 우리도 변화되리라"는 바울의 진술에 대한 질문을 야기한다. 게다가 이것은 부활 때의 변화에 관한 앞의 논의와의 연속에 대한 질문도 야기한다. 50절에는 여전히 이 생명으로 되돌아온, 즉 '육과 혈'의 부패 속으로 되돌아온 사람들과 하나님 나라 사이의 대조에 대한 이야기가 들어 있는 것으로 보인다. 바울은 죽은 자들과 살아 있는 자들 가운데 일어날 죽음의 멸망을 하나님 나라에 들어가는 조건으로 이야기한다. 이것은 하나님 나라에 있는 생명은 영원하다고 말하는 또 다른 방식이다. "이 썩을 것이 썩지 아니함을 입고 이 죽을 것이 죽지 아니함을 입을 때에는 사망을 삼키고 이기리라고 기록된 말씀이 이루어지리라 사망아 너희 승리가 어디 있느냐 사망아 네가 쏘는 것이 어디 있느냐"(54-55절).

시체들은 하나님의 나라에 속하지 못한다는 것은 바울과 고린도 교인들에게 명백했다. 그런데 지금 바울은 그들의 소생은, 즉 그들의 현재의 인간 생명으로의 복귀는 여전히 썩는 것(phthora)에 종속되어 있고 여전히 그들을 하나님 나라에 들어가지 못하게 한다고 강조한다. 바울은 부활은 단지 이 생명으로 복귀하는 것이고 따라서 필요하지 않은 것으로 거절해야 한다고 주장하는 고린도 교인들의 생각에 대항해서 이 진술을 한다.

이렇게 바울은 부활이 아직 일어나지 않았다고 강조한다. 그리고 부활이

---

16) Fee, *The First Epistle to the Corinthians*, 799-800.

실제로 일어날 때, 이것은 생명으로 복귀하는 것이 아닐 것이라고 강조한다. 부활은 살아 있는 자들도 포함하는 몸의 변화를 가져올 것이다. 살아 있는 자들도 변화되어야만 할 것이다. 왜냐하면 그들도 죽음을 피할 수 없기(mortal) 때문이고 이 사멸성(mortality)은 하나님 나라에서 아무런 자리도 차지할 수 없기 때문이다.

2. 부활의 시기는 주님이 오실 때이다: 고린도전서 15:51-55

바울은 부활이 일어날 미래의 순간으로 재림을 가리킨다. 그는 재림을 23-36절에서 언급했다. 거기에서 그는 주께서 승리 가운데 오실 때까지는 죽음이 정복되지 않을 것이라고 주장했다. 23-26절에서는 그는 죽음에 대한 승리를 죽은 자들의 부활에서 보았다. 지금 이 장의 끝부분에서 그는 그것을 종말의 변화(transformation)에서 본다. 부활은 이 종말의 변화의 일부분일 뿐이다. 그러므로 재림은 부활뿐만 아니라 변화도 닻으로 고정시킨다.[17]

51절에서 바울은 '마지막 나팔에 순식간에 홀연히'라는 말로 이 사건을 묘사한다. 주님의 오심에 대한 이 묘사는 아무리 간결할지라도 중요하다. 이 묘사는 이 사건의 경이로움을 시사한다. 재림은 하나님이 행하시는 순간의 사건이 될 것이다. '마지막 나팔'은 데살로니가전서 4:13-18에 나오는 것과 같은 묵시사상적인 시나리오를 연상시킨다. "우리는 변화될 것이다"(51절)라는 확언은 이 사건이 일어날 때에 바울은 자기가 살아 있을 것으로 기대했다는 것을 보여 준다. 따라서 이 진술은 우리에게 죽음은 하나님 나라에 들어가는 조건이 아니라고 말해 준다. 그 조건은 변화이다.

여기에서 주님의 오심은 순식간에 일어날 경이로운 사건으로 제시된다. 변화(transformation)는 점진적인 발전이 아니라 별안간의 변화(change)이다.

---

17) Plevnik, *Paul and the Parousia*, 142-44, 256-59.

바울은 그 변화에 대해서 더 이상 말하지 않는다. 왜냐하면 그는 죽은 자들의 변화(transformation)는 부활한 주님의 형상으로 일어날 것이라고 이미 말했기 때문이다(49절). 이 일에서 그리스도의 역할을 가장 잘 서술하는 본문은 빌립보서 3:20-21이다. 이 본문은 살아 있는 자들의 변화에 초점을 맞춘다. 거기에서 바울은 우리는 하늘로부터 "구원하는 자 곧 주 예수 그리스도를 기다리고" 있다고 말한다. "그는 만물을 자기에게 복종하게 하실 수 있는 자의 역사로 우리의 낮은 몸을 자기 영광의 몸의 형체와 같이 변하게 하시리라."

고린도전서 15장에서 바울은 하나님의 나라에 들어가기 위한 윤리적인 준비를 언급하지 않는다. 그는 그 준비를 당연한 것으로 여긴다. 하지만 데살로니가전서 5:8에서는 올바른 준비는 믿음, 소망, 사랑이라고 지적하고, 신자들에게 주님이 오실 때에 반드시 흠이 없도록 하라고 반복해서 권면했다(살전 2:13; 5:8, 23; 고전 1:8). 이제는 그 사건이 현재의 몸을 변화시킬 것이라고 진술한다. 그는 고린도전서 15장을 구약성경에서 유래하는 "사망을 삼키고 이기리라"는 승리의 노래로 마친다(54절; 사 25:8; 호 13:14 참조).

3. 바울서신에 나오는 부활

라이트(N. T. Wright)는 죽은 자들의 부활을 에베소서와 골로새서를 포함한 모든 바울서신에 끊임없이 등장하는 주제로 본다.[18] 부활은 데살로니가전서 4:14에서 암시되고 데살로니가전서 4:16에서 명백하게 언급된다. 데살로니가전서 4:14에서 바울은 하나님이 예수를 통해서 죽은 신자들을 그의 앞으로 데려오실 것이라고 말한다. 이 데려오는 것은 살아 있는, 즉 부활한 신자들을 데려오는 것을 시사한다. 그런 후에 데살로니가전서 4:16에서 죽은 신자들은 주님이 오실 때에 먼저 일으켜지고 그 후에 나머지 사람들과 함께 구름에 의

---

18) N. T. Wright, *The Resurrection of the Son of God* (Minneapolis: Fortress, 2003), 209-374.

해서 끌어올려질 것이라고 말한다. 데살로니가전서 4:13의 본문은 데살로니가전서 4:14의 공백을 채워 주는 고린도후서 4:14에 의해서 보충된다. 나는 이 두 본문의 유사성을 지적했다.[19]

고린도후서 4:14에서 바울은 "주 예수를 다시 살리신 이가 예수와 함께 우리도 다시 살리사 너희와 함께 그 앞에 서게 하실 줄을 아노라"고 주장한다. 데살로니가전서 4:14처럼, 이 본문도 지식을 매개하는 믿음에 대한 언급에 의해서 도입된다. "기록된 바 내가 믿었으므로 말하였다 한 것같이 우리가 같은 믿음의 마음을 가졌으니 우리도 믿었으므로 또한 말하노라"(고후 4:13). 바울이 가리키는 믿음의 지식은 예수를 죽은 자들로부터 살리신 하나님이 예수에게 속한 다른 사람들도 살리실 것이라는 것이다. 이제 바울은 하나님이 그를 살리시고 아마도 여전히 살아 있을 고린도 교인들과 함께 당신의 면전으로 데려가실 것이라고 주장한다.

이 주장은 하나님이 예수를 통해서 그들을 당신의 면전으로 데려가실 것이라는 데살로니가전서 4:14의 주장을 옹호하며 분명하게 한다. 고린도후서 4:14에서 바울은 그리스도의 죽음과 부활로부터 위로와 소망을 끌어 낸다. 그가 핍박과 괴롭힘과 죽음의 위협을 당하는 것을 본 고린도 교인들에게 하나님이 그를 죽은 자들로부터 살려주시고 그들과 함께 주님의 오심을 공유하게 해주실 것이라는 그의 확신을 밝힌다. "하나님이 우리를 너희와 함께 그의 앞으로 데려가실 것이다." 데살로니가전서 4:16에서 부활은 구름에 의해서 들려올라가기 전에 다시 살아나는 것으로 묘사된다. 데살로니가전서 4:16-17, 고린도전서 15:23, 51, 고린도후서 4:14은 부활을 종말에 그리스도가 오실 때로 자리매김한다.

---

[19] J. Plevnik, "The Destination of the Apostle and the Faithful: Second Corinthians 4:13b-14 and First Thessalonians 4:14," *CBQ* 62 (2000): 83-95.

4. 변화

고린도전서 15:50-54에서 주장하는 살아 있는 자들에게 일어나는 변화는 고린도후서 5:1-10에서 강조된다.[20]

> 만일 땅에 있는 우리의 장막집이 무너지면 하나님께서 지으신 집 곧 손으로 지은 것이 아니요 하늘에 있는 영원한 집이 우리에게 있는 줄 아느니라 참으로 우리가 여기 있어 탄식하며 하늘로부터 오는 우리 처소로 덧입기를 간절히 사모하노라 이렇게 입음은[21] 우리가 벗은 자들로 발견되지 않으려 함이라 참으로 이 장막에 있는 우리가 짐진 것같이 탄식하는 것은 벗고자 함이 아니요 오히려 덧입고자 함이니[ependysasthai] 죽을 것이 생명에 삼킨 바 되게 하려 함이라 곧 이것을 우리에게 이루게 하시고 보증으로 성령을 우리에게 주신 이는 하나님이시니라 그러므로 우리가 믿음으로 행하고 보는 것으로 행하지 아니함이로라 우리가 담대하여 원하는 바는 차라리 몸을 떠나 주와 함께 있는 그것이라 그런즉 우리는 몸으로 있든지 떠나든지 주를 기쁘시게 하는 자가 되기를 힘쓰노라 이는 우리가 다 반드시 그리스도의 심판대 앞에 나타나게 되어 각각 선악 간에 그 몸으로 행한 것을 따라 받으려 함이라.

이 본문은 논란의 원인이었다. 이 본문이 부활 때의 변화를 가리킨다고 보는 호프만(Hoffmann)의 견해가 아마도 옳을 것이다.

바울은 '우리가 사는 땅의 장막'(고후 5:1)이 무너지는 것에 대해서 생각할 때 전에 고린도후서 4:14에서 그랬던 것처럼, 분명히 죽음을 염두에 두고 있

---

20) 고후 5:1-10에 대한 학자들의 견해의 최근의 요약을 위해서는 J. Gillman, "A Thematic Comparison: 1 Cor 15:50-57 and 2 Cor 5:1-5," *JBL* 107 (1998): 439-54를 보라.
21) 네슬-알란트판 그리스어 신약성경(GNT)과 연합성서공회판 그리스어 신약성경(UBS)은 여기에서 그들이 중복이라고 생각한 것을 피하려고 '벗은'(stripped, ekdysamenoi)을 취한다. 그러나 본문상의 지지는 '입은'(clothed, endysamenoi)에 우선권을 준다. 따라서 이 본문은 "만일 우리가 그것을 입었으면, 우리는 벌거벗은 상태로 발견되지 않을 것이다"로 읽어야 한다. 이것은 중복이 아니다. 오히려 내세의 생명은 영혼과 육체가 분리된 존재가 아닐 것이라는 바울의 명확한 결론이다.

다. 이 절에서 바울은 주님이 오시고 죽은 자들이 부활할 때에 일어날 완성의 초월적인 실재를 극찬한다. 그때 우리는 "하나님께서 지으신 집 곧 손으로 지은 것이 아니요 하늘에 있는 영원한 집"을 갖게 될 것이다. "참으로 우리가 여기 있어 탄식하며 하늘로부터 오는 우리 처소로 덧입기를 간절히 사모하노라"는 고린도후서 5:2의 진술은 바울이 '장막'으로 묘사하는 현재의 몸을 제거하려는 바람이 아니라 '하늘의 처소'를 향한 열망을 표현한다. 바울은 하나님의 선물로 영화된 몸을 덧입기를 원한다. 3절에서 그는 "이렇게 입음은[22] 우리가 벗은(몸이 없는) 자들로 발견되지 않으려 함이라"고 주장한다. 여기에서 바울은 부활 후의 몸의 존재(a bodily existence)를 분명하게 주장하고 있다.[23]

이것은 바울이 2절에서 말한 것을 재언급하는 그리고 3절에서 말한 내세에서의 몸의 존재를 포함하는 4절에서 분명해진다. "참으로 이 장막에 있는 우리가 짐진 것 같이 탄식하는 것은 벗고자 함이 아니요 오히려 덧입고자(ependysasthai) 함이니 죽을 것이 생명에 삼킨바 되게 하려 함이라"(4절). '덧입다'(ependysasthai)는 고린도전서 15:51-52에서처럼 살아 있는 자들의 변화를 암시한다. 탄식하는 것은 죽음에 대한 공포 때문이 아니라 하늘의 존재 양식(mode of existence)을 받으려는 즉 하나님이 만드신 몸을 덧입은 존재를 받으려는 참을 수 없는 갈망 때문이다. '덧입다'는 어떤 사람들은 그때까지도 현재의 몸을 지니고 여전히 살아남아 있을 가까운 시기의 재림 기대를 암시한다. 그때에 살아 있는 자들은 즉시 하늘의 몸을 입게 될 것이다. 이것은 하나님이 만드시고 신자들 안에서 성령이 보장하는 소망이다. 바울은 "이것을 우리에게 이루게 하시고 보증으로 성령을 우리에게 주신 이는 하나님이시니

---

22) 앞의 각주를 보라.
23) F. J. Matera, "Apostolic Suffering and Resurrection Faith Distinguishing Between Appearance and Reality(2 Cor 4,7-5,10)," in *Resurrection in the New Testament. Festschrift J. Lambrecht*, ed. R. Bieringer, V. Koperski, and G. Lataire (BETL 165; Leuven: University Press, 2002): 387-405 특히 403. 마테라에 의하면, 바울은 재림 때에 주님을 만나는 것에 대해서 생각하고 있다. "만일 그가 죽지 않고 재림 때에 부활의 몸으로 옷을 입게 되면, 그는 몸이 없이 벌거벗은 상태로, 즉 죽은 사람들의 상태로 발견되지 않을 것이다."

라"(5절; 롬 5:5 참조)고 말한다.

이처럼 바울은 이 미래의 비전을 제공해 주는 그의 믿음이 그로 하여금 절망하지 않게 해준다고 설명한다. 그는 일으켜질 것이다. 즉 그는 주님이 오실 때에 부활의 몸을 받게 될 것이다.[24] 이제 바울은 땅에서 사는 한 언제나 탄식하게 만드는 그의 열망을 밝힌다. "우리가…몸으로 있을 때에는 주와 따로 있는 줄을 안다." 그의 가장 강한 개인적인 열망은 그가 죽을 때에든 아니면 주님이 오실 때에든 주님과 함께 있는 것이다. 몸으로 있는 현재의 존재는 그를 '주와 따로' 있게 만든다. 그래서 그는 "믿음으로 행하고 보는 것으로 행하지 않는다"(7절). 그는 이 확신과 이 열망을 다시 한 번 진술한다. "우리가 담대하여 원하는 바는 차라리 몸을 떠나 주와 함께 있는 그것이라"(8절).

프랭크 마테라(Frank J. Matera)에 의하면, 여기에서 바울은 "비록 그것이 몸이 없는 존재(a bodiless existence)의 벌거벗음을 경험하게 만들더라도, 주님과 함께 있는 것이 몸으로 있는 것보다 더 좋다. 왜냐하면 그 신자는 비록 아직 하늘의 몸을 덧입지는 않았더라도 주님과 함께 있을 것이기 때문이다"라고 말하고 있다.[25] 다른 말로 표현하면, 바울은 한 사람의 죽음과 그의 부활 사이의 중간 상태(interim state)에 대해서 생각하고 있다는 것이다. 이 해석은 빌립보서 1:23을 끌어들이고 자끄 듀퐁(Jacques Dupont)의 지지를 받는다.[26] 듀퐁에 의하면, 고린도후서 5:1-5은 재림과 죽은 자들의 부활을 다루는 반면에, 6-10절은 한 사람이 죽을 때에 주님과 즉시 연합하는 것을 그린다. 후자의 구절들에서 듀퐁은 바울이 주님과 함께 있고자 하는 그의 열망을 표현하는 빌립보서 1:23에 나오는 기대와 동일한 기대를 본다. 듀퐁에 의하면, 이 전환의 촉매자는 육체와 영혼을 나누는 헬라적인 구분이었다.[27] 그러나 이 통일

---

24) Matera, "Apostolic Suffering," 403.
25) Matera, "Apostolic Suffering," 404.
26) J. Dupont, *ΣΥΝ ΧΡΙΣΤΩΙ: L'Union avec le Christ suivant saint Paul* (Louvain: Nauwelaerts; Paris: Desclée de Brouwer, 1952), 154.
27) Dupont, *L'Union avec le Christ*, 170-71.

된 단락의 중간에서 그런 전환은 도저히 일어날 것 같지 않다. 게다가 듀퐁의 설명은 인접한 맥락인 고린도후서 4:14에 나오는 부활에 대한 바울의 진술을 고려하지 않는다. 또 빌립보서 3:10-11, 21에 나오는 주님이 오실 때에 일어날 부활과 변화에 대한 바울의 끊임없는 소망도 고려하지 않는다. 따라서 한 사람이 죽을 때에 그 신자는 이미 주님과 함께 있다는 확신에도 불구하고 주님의 재림 때에 일어날 부활은 현재적인 주님 경험의 기대되는 절정으로 여전히 남아 있다.

호프만에 의하면, 바울의 적대자들은 몸이 없는 사후 존재를 본래 열망하는 반면에, 바울은 죽음 이후의 존재를 주님과 연합하는 것으로 그린다. 그는 변화된 하늘의 몸으로 사는 사후 존재를 고대한다. 이 몸은 그로 하여금 현재의 몸으로는 불가능한 방식으로 그리스도와 함께 있을 수 있게 해줄 것이다. 바울에게 있어서 이상은 주님과 함께하는 완전히 인간적인 삶(a fully human life)이다. 즉 땅의 현재의 존재에서는 볼 수 없는 것을 보는 역량(capacity)이다. 이것은 고린도후서 4:14과 일치하여 주님이 오실 때에 완전히 실현될 것으로 기대되고 있다.[28]

따라서 고린도후서 5:1-10은 사후에 육체에서 분리된 영혼의 존재를 옹호하지 않는다. 또는 한 사람의 죽음과 동시에 일어나는 부활을 옹호하지도 않는다. 이 본문은 부활을 여전히 주님이 오실 때로 자리매김하고 여전히 변화를 단언한다. 이 본문은 완성 때에 실현될 영화된 몸의 존재를 강조한다. 주님과 함께 있고자 하는 열망은 내세의 몸이 없는 존재가 아니라 부활 때에 하나님의 선물로 주어지는 변화된 몸의 존재에 초점을 맞추고 있다. 이렇게 이 본문은 데살로니가전서 4:13-18과 고린도전서 15장의 지평 내에 머문다.

하지만 어떤 석의가들에 의하면, 고린도후서 5:1-10은 "육체의 매장과 부활 사이의 중간기에 있는 몸의 존재를 새로운 '영적 몸'으로 다룬다."[29] 그들

---

28) Hoffmann, *Die Toten in Christus*, 284.
29) 이것에 대해서는 V. Furnish, *II Corinthians* (Anchor Bible 32A; Garden City, NY:

에 의하면, 이 단락은 바울이 전에 고린도전서 15:35-54에서 말한 것을 보충하고 있다. 다른 학자들은 바울은 고린도후서 1:8-11에서 언급한 자기 자신의 죽음에 대해서 걱정하고 있다고 주장한다. 그들에 의하면, 지금 바울은 그들의 매장과 주님의 재림 때의 부활 사이에 죽은 자들은 어떤 상태에 있느냐는 질문과 대면하고 있다. 이 단락은 고린도후서 1:8-11에 나오는, 하나님이 이 땅의 삶에서 그를 보살펴 주실 것이라는 바울의 확언에 대해서 이야기한다. "그가 이같이 큰 사망에서 우리를 건지셨고 또 건지실 것이며 이후에도 건지시기를 그에게 바라노라"(10절). 실제로 위험과 대면하는 것은 바울에게는 새로운 경험이 아니었다. 그는 고린도후서 11:23-33에서 그런 대면을 많이 언급한다. 고린도후서 4:7-12에서는 이생에서 당한 많은 환난과 그 모든 환난 중에 받은 하나님의 도움을 언급한다. 하나님은 바울을 계속 구해 주시고 바울은 이것을 감사하게 여긴다. 왜냐하면 이 모든 시련과 구출에서 그는 예수의 죽음과 생명을 경험하고 있기 때문이다. "우리 살아 있는 자가 항상 예수를 위하여 죽음에 넘겨짐은 예수의 생명이 또한 우리 죽을 육체에 나타나게 하려 함이라"(고후 4:11).

호프만과 다른 많은 학자들은 바울이 여기에서 사후에 육체에서 분리된 영적 존재를 옹호하는 고린도 영지주의자들과 싸우고 있다고 주장했다. 이 주장은 그럴 듯하다. 여기에서 진짜 이슈는 그의 고통 때문에-그의 적대자들이 보기에-위태롭게 된 바울의 사도권이라고 주장하는 빅터 퍼니쉬(Victor Furnish)의 견해가 고린도교회의 상황에 더 가까울지도 모른다.[30] 바울은 자기가 겪고 있는 고통이 실제로는 하나님이 옹호하시는 자기의 사도적인 존재의 일부라고 대답한다. 하나님은 종국에는 그에게 변화된 몸에서 사는 삶으로 보상해 주실 것이다. 이 몸은 그로 하여금 그리스도와 함께 있는 것과 그리스도의 부활한 생명에 참여하는 것을 가능하게 해 줄 것이다.

Doubleday, 1984), 292를 보라. 또한 Plevnik, *Paul and the Parousia*, 272-76도 보라.
30) Furnish, *II Corinthians*, 300.

마테라에 의하면, 좀 더 넓은 문맥인 고린도후서 2:14-7:4의 이슈는 '목회자의 모습'(ministerial style)인 반면에, 고린도후서 4:7-5:10의 이슈는 '그의 부활 신앙에 비추어 본…외양과 실재' 사이의 차이이다. 바울은 그의 사도적인 삶은 그리스도의 죽음과 부활을 본받았다고 주장한다(고후 4:7-15). 그러나 "부활의 생명이 이미 그의 죽을 육체 안에서 역사하고 있다"고 주장하기도 한다.[31] 바울은 여기에서 그의 복음과 일치하지 않는 어떤 사후 이해들과 싸우고 있는 것으로 보인다.

퍼니쉬에 의하면, 바울은 여기에서 '영혼불멸에 대한 일반적인 헬라적 이해'에 대항해서 미래에 대한 그의 관점을 제시하고 있는지도 모른다. 하지만 바울은 '사후의 몸의 운명'에 대해서 염려하는 것으로 보이지 않는다.[32] 종말의 심판에 대한 언급은 우리의 몸으로 무엇을 하느냐가 중요하다는 것을 보여준다. "이는 우리가 다 반드시 그리스도의 심판대 앞에 나타나게 되어 각각 선악 간에 그 몸으로 행한 것을 따라 받으려 함이라"(고후 5:10).[33]

호프만이 지적한 대로 바울은 여기에서 사후 존재에는 별 관심을 보이지 않는다. 심지어는 영혼의 불멸에도 별 관심을 보이지 않는다. 그에게 있어서 구원은 전인(the whole person)을 포함한다. 그는 그 구원을 예수 그리스도가 종말에 오는 것에서 기대한다. 땅의 생명은 제한되어 있지만, 아무런 상관도 없는 것은 아니다.[34] 이 생명은 성령이 보증하는 부활한 몸에서 사는 영원한 생명을 준비하는 것이다. 이것에다가 우리는 바울이 주님과 함께하는 것에 정말로 관심이 많았다는 것을 추가해도 좋을 것 같다.

---

31) Matera, "Apostolic Suffering," 387-405.
32) Furnish, *II Corinthians*, 301.
33) Furnish, *II Corinthians*, 395.
34) Hoffmann, *Die Toten in Christus*, 285.

4

주님의 오심

1. 바울서신에 나오는 주님의 오심

주님의 오심은 그리스도의 주권의 완성이다. 이것은 신자들의 부활 및 죽음에 대한 그리스도의 승리와 연결되어 있다. 바울은 고린도전서 15:23에서 죽은 자들은 그리스도가 올 때까지는 부활하지 않을 것이라고 단언하고, 25절에서 "맨 나중에 멸망 받을 원수는 사망이니라"고 말한다. 이렇게 주님의 오심과 죽은 자들의 부활은 동시적이다. 즉 죽은 자들은 주님이 오실 때에 부활할 것이다. 그런데 죽음은-죽을 수밖에 없는-살아 있는 자들에게도 현존하기 때문에, 바울은 마지막 나팔에 "죽은 자들이 썩지 아니할 것으로 다시 살아나고 우리도 변화하리라"(52절)고 단언한다.

그리스도의 종말 재림을 위해서 바울은 보통 파루시아(parousia)라는 헬라어 단어를 사용한다. 이 단어는 데살로니가전서 2:19, 3:13, 4:15, 5:23에 나온다. 고린도전서 5:5과 데살로니가전서 5:2에는 '주님의 날'이라는 표현이 나온다. 때로는 '그날'(the day, 고전 3:13) 또는 '구원의 날'(고후 6:2)로 불리기도 한다. 또 '예수 그리스도의 날'(고전 1:8; 고후 1:14; 빌 1:6), '진노의 날'(롬 2:5) 또는 단순히 '그날'(that day, 롬 2:6; 13:12)로 불리기도 하는데, 이 마지막 표현이 더 전통적이고 성경적인 표현이다. 이 모든 표현이 재림과 연결되어 있다. 파루시아는 '방문'(a visit)을 의미하고, 주님의 날은 보통 '온다'(come)고 말해지지만(살전 5:2), 바울은 이 온다는 표현 대신에 '계시'(apokalypsis)를 사용하기도 한다. 고린도전서 1:7에서 그는 고린도 교인들이 "모든 은사에 부족함이 없이 우리 주 예수 그리스도의 나타나심을 기다리고" 있다고 칭찬한다.

그리스도인의 삶은 주님의 오심을 기다리는 것을 포함하지만, 죄짓는 삶은 주님의 날에 의해서 위험해진다. 파루시아라는 단어는 인자의 오심을 가리키는 마태복음 24:27, 37, 39에서도 사용된다. '인자의 날'은 누가복음의 병행구절들에도 나오기 때문에(눅 17:24, 26, 30), 이 두 표현은 같은 의미를 갖는다. 문맥은 구원과 멸망을 포함하고 있다. 따라서 파루시아라는 용어는 '주님의 날'과 동등하다. 이 이미지는 전반적으로 전통적이고 성경적이고 묵시적이다.

파루시아라는 용어는 바울서신에서 데살로니가전서에만 나온다. 주님의 오심이라는 사건은 이 편지에서 지시대상(referent)의 기능을 갖고 있다. 이 편지에 나오는 모든 주요진술이 이 사건을 가리킨다. 데살로니가전서 1:9-10에서 바울은 데살로니가 교인들이 한 분이신 하나님께 돌아왔고 '장래의 노하심에서 우리를 건지시는,' '그의 아들이 하늘로부터 오기를 기다리는' 것을 칭찬한다. 2:19에서 이 사건은 그와 그를 통해서 믿음을 갖게 된 신자들이 주님과의 교제를 함께 즐기는 가운데, 기쁜 소망의 성취와 그의 사도 사역의 면류관으로 제시된다. "우리의 소망이나 기쁨이나 자랑의 면류관이 무엇이냐 그가 강림하실 때 우리 주 예수 앞에 너희가 아니냐"(2:19). 3:13에서 바울은 "너희 마음을 굳건하게 하시고 우리 주 예수께서 그의 모든 성도와 함께 강림하실 때에 하나님 우리 아버지 앞에서 거룩함에 흠이 없게" 해 달라고 기도한다. 4:13-18에서 그는 주님이 오실 때에 살아 있는 자들이 죽은 자들보다 조금도 유리하지 않을 것이라고 데살로니가 교인들을 안심시킨다. 5:1-11에서 그는 신자들에게 믿음, 소망, 사랑으로 살라고 권면하면서 그날을 위해서 준비하고 있으라고 경고한다. 그는 그들에게 하나님의 의향은 그들이 구원에 이르는 것이라고 확언한다. 준비되지 않은 자들에게는 주님의 날이 멸망의 날이 될 것이라고 말한 후에(2-3절), 바울은 계속해서 데살로니가 교인들을 안심시킨다. "너희는 어둠에 있지 아니하매 그날이 도둑같이 너희에게 임하지 아니하리니 너희는 다 빛의 아들이요 낮의 아들"(4-5절)이기 때문이다. 바울은 신자들에게 두려움으로 살지 말고 소망으로 살라고 권면한다. "하나님이 우리를 세우심은 노하심에 이르게 하심이 아니요 오직 우리 주 예수 그리스도로 말미암아 구원을 받게 하심이라 예수께서 우리를 위하여 죽으사 우리로 하여금 깨어 있든지 자든지 자기와 함께 살게 하려 하셨느니라"(9-10절). 5:13에서 그는 "평강의 하나님이 친히 너희를 온전히 거룩하게 하시고 또 너희의 온 영과 혼과 몸이 우리 주 예수 그리스도께서 강림하실 때에 흠 없게 보전되기를 원하노라"는 기도로 끝을 맺는다.

주님의 오심을 다루는 모든 본문 가운데 데살로니가전서 4:13-18이 가장 길다. 이 본문은 위로와 재보증(reassurances)으로 가득 차 있다. 이 본문은 부활을 묵시적 이미지로 묘사한다. 이 본문에 묘사된 부활은 고린도전서 15장에 묘사된 부활과 달라 보인다. 우리는 여기에서 이 본문을 살펴볼 것이다. 왜냐하면 이 본문은 계속해서 다양하게 해석되고 있기 때문이다.

2. 데살로니가전서 4:13-18에 나오는 주님의 오심에 대한 묘사

1) 본문

데살로니가전서 4:13-18에 나오는 주님의 오심에 대한 묘사는 바울서신에서 독특하다. 이와 유사한 유일한 본문은 데살로니가후서 1:7-10이다. 데살로니가전서 4:13-18에서 바울은 교회 공동체에게 주님의 오심에 대해서 가르치면서 그들을 위로한다. 교회 공동체는 주님의 오심 전에 죽은 자들 때문에 슬퍼하고 있다. 바울은 지금 죽은 자들도 주님의 오심에 동참할 것이라고 위로하며 이 일이 어떻게 일어날지를 설명한다. 그리스도의 죽음과 부활에 대한 그들의 믿음을 활용하면서 그리스도에게 일어났던 그 일이 그리스도에게 속한 자들에게도 일어날 것이라고 단언한다. 하나님이 그들을 예수를 통해서 그의 앞으로 데려오실 것이다.

> 형제들아 자는 자들에 관하여는 너희가 알지 못함을 우리가 원하지 아니하노니 이는 소망 없는 다른 이와 같이 슬퍼하지 않게 하려 함이라 우리가 예수께서 죽으셨다가 다시 살아나심을 믿을진대 이와 같이 예수 안에서 자는 자들도 하나님이 그와 함께 데리고 오시리라.

이 위로는 예수의 죽음과 부활에 근거를 두고 있다. 이것은 하나님이 죽은 신자들을 당신에게 데려오도록 부활한 그리스도를 보내실 것이라고 주장한다. 비록 명시적으로는 언급하지 않더라도 이것은 그들의 부활을 암시적으로 보여 준다. 그리스도를 통해서 하나님은 그들을 당신의 면전으로 다시 살리실 것이다.

그런 후에 바울은 15절에서 주님이 오실 때에 살아 있는 신자들이 죽은 자들보다 더 유리할 것이 없다는 '주님의 말씀으로' 데살로니가 교인들을 위로한다. "우리가 주의 말씀으로 너희에게 이것을 말하노니 주께서 강림하실 때까지 우리 살아남아 있는 자도 자는 자보다 결코 앞서지 못하리라." 이 '주님의 말씀'은-바로 앞의 위로와 더불어-신자들이 하나님 앞에 함께 나타날 것이라고 단언한다. 그리스도를 통해서 죽은 자들과 살아 있는 자들은 함께 하나님 앞으로 데려가게 될 것이다.

16-17절에서 바울은 이 일이 어떻게 일어날지를 설명한다. 그는 주님이 하

늘로부터 영광스럽게 오시는 것을 묘사한다. 이때에 두 사건이 일어난다. 먼저 죽은 신자들이 되살아난다. 그런 후에 이들과 살아 있는 남은 자들이 함께 구름에 의해서 주님에게 들려져서 영원히 그와 함께 있게 된다. 18절에서 바울은 "그러므로 이러한 말로 서로 위로하라"고 권면한다.

이처럼 이 단락은 데살로니가 교인들이 열광적으로 기다리던 이 행복한 종말 사건에 대한 공평무사한 예고편이 아니다. 이 단락은 죽은 신자들이 어떻게 아무런 손해를 보지 않고 주님이 오실 때에 궁극적인 완성에 동참할 수 있는지를 설명하려고 한다. 이 단락은 위로하려고 한다. "그러므로 이러한 말로 서로 위로하라"(18절). 여기에서 근저에 놓여 있는 소망은 가까운 주님의 오심이다.

2) 근심의 본질

데살로니가 교인들은 왜 그토록 당황했는가? 바울은 이 단락에서 무슨 말을 하고 있는가? 그는 주님의 오심에 대한 그들의 무지를 제거해서 그들이 "소망 없는 다른 이와 같이 슬퍼하지 않게"(살전 4:13) 하기를 원한다고 말한다. 그들은 다시 이교도적 회의주의로 떨어졌는가? 그런 것 같지는 않다. 바르톨레모이스 헨네켄(Bartholemäus Henneken)과 다른 학자들에 의하면, 이교도들은 절대로 희망이 없지 않았다. 이 학자들에 의하면, 우리는 고대에서 죽음으로 인한 많은 절망의 표현을 발견하지만 동시에 생명은 죽음 이후에서 이런 저런 형태로 어떻게든 계속될지도 모른다는 희망도 발견한다.[1] 베다 리고(Beda Rigaux), 호프만(Hoffmann), 루츠(Luz), 트라우고트 홀츠(Traugott Holz) 등은 모두 바울이 여기에서 예수 그리스도를 통한 구원을 믿는 그들의 믿음

---

1) B. Henneken, *Verkündigung und Prophetie im Ersten Thessalonicherbrief* (SBS 29; Stuttgart: Katholisches Bibelwerk, 1967), 75-76.

과 연결되어 있는 특별한 기독교적 소망에 대해서 이야기한다고 생각한다.[2]

데살로니가전서의 서두에서 바울은 데살로니가 교인들의 '우리 주 예수 그리스도에 대한 소망의 인내'(1:3)로 인한 감사기도를 한다. 그는 그들의 믿음을 '장래의 노하심에서 우리를 건지시는 예수,' 즉 '그의 아들이 하늘로부터 강림하실 것을'(1:10) 기다리고 있는 믿음으로 묘사한다. 따라서 '소망 없는 다른 이들이 하는 것처럼'(4:13)이라는 표현은 주님이 오실 때에 주님과 이룰 미래의 연합이 핵심인 이 소망을 갖고 있지 않은 사람들을 가리킨다. 데살로니가 교인들은 죽은 자들이 죽었기 때문에 그리스도와의 궁극적인 교제에는 동참하지 못할 것이라고 생각했는가? 만약에 그랬다면, 왜 그랬는가? 아니면 그들은 죽음이 그들로 하여금 궁극적인 운명에 그들의 구원에 도달하는 것을 연기시킨다고 생각했는가? 바울은 그의 대답에서 살아 있는 자들이 "자는 자보다 결코 앞서지 못하리라"(4:15)고 주장한다. 호프만에 의하면, 그들은 기대하고 있는 그리스도와의 연합을 구원의 완성으로 간주하였기 때문에 데살로니가교인들의 슬픔은 절망에 버금가는 심원한 것이었다.[3] 죽음은 심원한 손실이었다.

무엇이 데살로니가에서 이런 근심을 야기했는가? 군터만(F. Guntermann)과 빌켄스(U. Wilckens)는 죽은 자들의 부활과 관련이 있다고 생각한다. 즉 바울은 데살로니가에서 이때까지 부활을 설교하지 않았다는 것이다. 만약에 그렇다면 그는 왜 단순히 죽은 자들이 일어날 것이라고 말하지 않고 "그리스도 안에서 죽은 자들이 먼저 일어난다"(16절)고 강조하는가? 그는 그들이 부활에 대해서 이미 알고 있다고 간주하는 것으로 보인다.[4] 그럼에도 불구하고

---

[2] B. Rigaux, *Saint-Paul: Les Épîtres aux Thessaloniciens* (EBib; Paris: Gabalda; Gembloux: Duculot, 1956), 523-33; P. Hoffmann, *Die Toten in Christus* (NTA 2; Münster: Aschendorff, 1966), 210; U. Luz, *Das Geschichtsverständnis des Paulus* (BEvT 49; Munich: Kaiser, 1968), 318; T. Holz, *Der erste Brief an die Thessalonicher* (EKKNT 13; Zürich: Benziger, 1986).

[3] Hoffmann, *Die Toten in Christus*, 208, 233.

[4] F. Guntermann, "Die Eschatologie des hl. Paulus" (NTbh 13/4-5; Münster: Aschendorff,

그들에 의하면, 바울은 주님이 그들 모두 살아 있을 때에 오실 것으로 기대했기 때문에, 그들에게 신자들의 부활에 대해서 말해 주지 않았다는 것이다. 리고는 이 견해에 의문을 제기한다. 그에 의하면, 데살로니가 교인들은 미래의 부활에 대해서 교육을 받았을 것이다. 다만 그들이 주님의 오심에 어떻게 참여하게 될지에 대해서는 아무런 말도 듣지 못했을 것이다. 그는 바울이 그 이전에 거의 분명히 그의 교회 공동체들에서 몇몇 교인들이 죽는 경우를 경험했을 것이라고 주장한다.[5]

리고는 데살로니가 교인들이 부활과 재림을 정신적으로 이해해서(spiritualized), 현재의 신앙경험으로 해석했다고 보는 빌헬름 뤼트게르트(Wilchelm Lütgert)의 제안도 거절한다.[6] 그 설명대로라면, 죽어 가는 것은 행복한 사건으로 간주될 것이다. 또 이 견해는 죽은 자들은 부활한 후에 들려올라갈 것이라는 바울의 주장을 설명하지도 못한다.

발터 슈미탈스(Walter Schmithals)와 볼프강 하르니쉬(Wolfgang Harnisch)는 데살로니가 교인들이 부활을 영지주의적으로 이해했다고 제안한다.[7] 하지만 이 제안도 뤼트게르트의 제안처럼 데살로니가교회 공동체의 슬픔에 적절하지 않다. 만약에 그들이 영지주의자라면, 만약에 죽음을 현재의 몸에서 해방되는 것으로 간주한다면, 그들이 왜 신자들의 죽음을 슬퍼했겠는가?

마르크센(Marxsen)은 이 데살로니가의 문제를 가까운 재림에 대한 열광적인 기대와 연관을 짓는다. 그런 상태에서는 죽은 자들의 부활에 대한 선포가 다급하거나 필요하지 않았다. 즉 바울은 그의 청중 모두가 여전히 살아 있을

1932), 38-51; U. Wilckens, "Der Ursprung der Überlieferung der Erscheinungen des Auferstandenen," in *Dogma und Denkstrukturen. Festschrift E. Schlink* (Götting: Vandenhoeck & Ruprecht, 1963), 56-95, 특히 57-59.
5) Rigaux, *Les Épîtres aux Thessaloniciens*, 526.
6) W. Lütgert, *Die Vollkommenen in Philippi und die Enthusiasten in Thessalonich* (BFCT 12; Gütersloh: Bertelsmann, 1090). 또한 Rigaux, *Les Épîtres aux Thessaloniciens*, 527도 보라.
7) W. Schmithals, *Paul and the Gnostics* (Nashville: Abingdon, 1972), 123-218; W. Harnisch, *Eschatologische Existenz: Ein exegetischer Bietrag zum Sachanliegen von 1. Thessalonicher 4,13-5,11* (Göttingen: Vandenhoeck & Ruprecht, 1973), 23.

것이라고 생각했다는 것이다.⁸⁾ 하지만 리고가 지적한 것처럼, 만약에 바울이 그의 청중 중에서 어떤 사람들이 죽는 경우를 경험했다면, 이 해결책은 의심스러워진다. 기독교 공동체 안에서 생긴 죽음이 그로 하여금 이 이슈를 좀 더 일찍 다루도록 강요했을 것이다. 그랬다면 그는 왜 데살로니가에 머무는 동안에 이 문제를 예상하지 못했는가?

호프만에 의하면, 데살로니가전서 4:15-17은 부활 자체에 대한 또는 부활을 포함하는 일련의 사건들에 대한 최초의 가르침일 수 있다.⁹⁾ 이 본문에서 이 이외의 다른 것을 찾아보기는 어렵다. 주님이 오실 때에 가장 먼저(first) 일어날 행위로서 부활을 강조한다. "그리스도 안에서 죽은 자들이 먼저 일어나리라." '주님의 말씀'이 보증하는 것은 죽은 자들의 부활이 있을 것이라는 것보다는 주님이 오실 때에 죽은 자들과 살아 있는 자들 사이에 차별이 없을 것이라는 것이다.

호프만은 데살로니가 교인들은 죽은 신자들이 그 영광스러운 주님과의 연합에 참여하지 못하게 될 것을 두려워했다고 주장한다. 그들의 생각에는 구원을 얻는 것과 주님의 오심에 참여하는 것이 아주 가깝게 밀착되어 있어서 그 둘을 따로따로는 상상할 수도 없었을 것이다.¹⁰⁾ 호프만에 의하면, 15절의 '앞서다'(phthasōmen)라는 단어는 요한계시록 20장에서처럼, 중간통치(interregnum)를 시사한다. 그는 완성의 때까지 살아 있지 못할 자들의 슬픔에 대해서 이야기하는 에스라4서 13:16-18을 언급한다. "살아남지 못한 자들은 슬퍼질 것이다. 왜냐하면 그들은 종말을 위해서 무엇이 준비되어 있는지는 알지만, 그것을 얻지는 못하기 때문이다." 에스라4서 7:27-28에 의하면, 종말에 살아 있는 자들은 400년 동안 지속될 메시아 통치에 동참하게 될 것이고, 세계의 멸망이 그 뒤를 따를 것이다.¹¹⁾ 이와 비슷한 확신이 솔로몬의 시편

---

8) W. Marxsen, "Auslegung von 1 Thess 4,13-18," *ZTK* 66 (1969): 22-37, 특히 28.
9) Hoffmann, *Die Toten in Christus*, 232.
10) Hoffmann, *Die Toten in Christus*, 233.
11) Hoffmann, *Die Toten in Christus*, 233.

18:5-6에 나타난다. "하나님께서 자비와 축복의 날을 위해서, 그의 메시아가 통치할 그 정해진 날을 위해서 이스라엘을 깨끗하게 씻어주시기를 바란다. 그 시대에 태어나서 주님이 다가오는 세대를 위해서 행하실 선한 일들을 보게 될 자들은 복받은 자들이다.'"[12] 호프만은 데살로니가교인들이 바울의 방문 이후에 이런 말을 들었을지도 모른다고 생각한다. 하지만 그랬을 것 같지는 않다. 왜냐하면 바울에 의하면, 그의 방문과 이 편지 저술 사이에는 단지 짧은 간격만이 있었기 때문이다. 게다가 중간통치라는 개념은 오직 성전과 예루살렘이 파괴된 이후의 시대에서만, 1세기의 80년대 또는 90년대 어간에서만 기록으로 입증된다.

루츠에 의하면, 이 중간통치 사상은 예루살렘과 성전의 멸망 이전에 유포되었을 수도 있다. 지금 이 본문이 그 사상에 대한 최초로 기록된 증거일지도 모른다. 그러나 반드시 그 사상의 시작일 필요는 없다.[13] 하지만 루츠의 해결책은 호프만의 것보다 조금도 낫지 않다. 왜냐하면 그의 견해는 현재의 본문의 많은 것을 설명하지 못하기 때문이다. 빌케(H. -A. Wilcke)는 바울이 그런 식으로 생각한 적이 없다고 부인한다.[14]

3) 이미지의 자료

근래에 고대 그리스·로마 시대의 편지들이 많이 발견된 결과, 다이스만(G. A. Deissmann, 1923)은 데살로니가전서 4:15에 사용된 파루시아(parousia)라는 명사는 주님의 오심에 대한 이미지를 제공한다고 주장했다. 당시의 헬라 세계에서 파루시아라는 단어는 왕이 도시를 방문하는 것에 사용되었다.

---

12) *The Old Testament Pseudepigrapha* 2, ed. by J. H. Charlesworth (Garden City, NY: Doubleday, 1985), 638-70.
13) Luz, *Das Geschichtsverständnis des Paulus*, 319 각주 8.
14) H.-A. Wilcke, *Das Problem eines messianischen Zwischenreiches bei Paulus* (ATANT 51; Zürich: Zwingli, 1967), 37-48, 122.

그것은 어떤 면에서 우리 시대의 교황의 방문과 비슷한, 행복한 사건이었다. 그 방문은 신기원을 이루는 것이었다. 그 도시에게는 새로운 시대의 시작이었다. 그래서 이 사건을 기준으로 새로운 연대를 계산했을 것이다. 그 도시는 전반적인 프로그램을 준비했을 것이다. 그 역사적인 시대의 전환을 기념하기 위해서 동전들이 주조되었다. 높은 지위에 있는 방문자가 도시에 가까이 오면, 시민들은 그를 만나고 환영하고 그들의 도시로 즐겁게 안내하기 위해서 도시 밖으로 나갔을 것이다. 다이스만에 의하면, 이 이미지가 그리스도가 오는 것과 신자들이 그를 만나려고 나가는 것을 묘사하는 데살로니가전서 4:13-18에 반영되어 있다.[15] 따라서 주님의 오심에 대해서 영감을 준 자료는 황제의 방문과 관련된 헬라도시의 외교의례(Hellenistic civic protocol)이다.

1929년에 피터슨(E. Peterson)은 새롭게 발견된 그리스와 로마자료들에서 도시의 파루시아에 대한 더 많은 언급들을 제공해 주었다. 라틴어에서 파루시아에 해당하는 단어는 아드벤투스(adventus)이다. 피터슨은 데살로니가전서 4:17의 영접하다(to meet, eis apantēsin)라는 동사도 파루시아를 반영한다고 지적했다. 왜냐하면 이 동사도 황제의 방문 묘사에 나타나기 때문이다. 피터슨에 의하면, 이 동사는 황제를 만나 도시로 데려오기 위해서 도시 밖으로 나가는 것을 뜻하는 전문적인 의미를 갖고 있고, 따라서 이 용어는 이 경우에 적절하다. 이와 비슷하게, 주님이 오실 때에 데살로니가의 신자들은 주님을 영접하고(eis apantēsin tou kyriou) 그들의 도시로 데려오기 위해서 그들의 (지상) 도시 밖으로 나갈 것이다. 피터슨은 그의 논문의 제목을 '주님을 데려오기'(die Einholung des Kyrios)라고 붙였다. 이와 관련해서 언급된 '면류관'과 '기쁨 같은'(살전 2:19) 다른 이미지도 이 묘사에 잘 어울린다. 학자들은 이것에 대한 증거로 존 크리소스톰(John Chrysostom)이 주님의 오심과 황제의 옴을 비

---

15) A. Deissmann, *Light from the Ancient East: The New Testament Illustrated by Recently Discovered Texts of the Graeco-Roman World* (Hodder and Stoughton, 1927; reprint: Peabody, MA: Hendrickson, 1996; German Original: Tübingen: Mohr, 1923).

교한 것을 들었다.16) 따라서 데살로니가전서 4:13-18에서 바울이 사용한 이 미지의 자료는 바울과 데살로니가교회 공동체에게 익숙한 이 영광스러운 도시 행사(civic event)였다. 주님의 오심을 이 이미지로 묘사한 사람은 바울 또는 그 이전의 어떤 사람이었다.

이 설명은 아주 매력적이었다. 지난 20년 넘게, 아니 오늘날까지17) 학자들은 바울이 주님의 파루시아를 황제의 파루시아 또는 아드벤투스의 복제품으로 묘사했다고 이야기해 왔다. 그러나 바울의 언어를 조금 더 세밀하게 관찰해보면, 이 설명에 의문이 생긴다. 1952년에 듀퐁은 데살로니가전서 4:13-18의 이미지는 주로 70인역과 묵시적 언어를 반영하는 유대적인 것이라고 지적했다.

후속 연구는 이 발견에 힘을 실어 주었다. 나도 이미지를 연구하고, 주로 유대적인 것이라고 결론지었다. 데살로니가전서 4:16-17의 본문은 주님을 데려오는 것(Einholung)을 묘사하지 않고 주님이 영원히 그와 함께 있게 하려고 신자들을 데려오는 것을 묘사한다. 신자들은 하늘 높이 들려져서 영원히 주님과 함께 머문다. 파루시아는 사람들의 활동에 대한 것이 아니라 퀴리오스(Kyrios)의 활동에 대한 것이다. 게다가 이 오심(coming)은 황제의 방문처럼 짧은 방문이 아니고 신자들이 주님과 함께하는 영원무궁한 연합의 시작이다. 바울은 이 이야기를 "그리하여 우리가 항상 주와 함께 있으리라"(살전 4:17)는 위로로 끝을 맺는다.18)

듀퐁에 의하면, 데살로니가전서 4:13-18의 이미지 대부분은 시내산 이야기에서 유래한다.19) 따라서 비록 바울 이전의 전통은 파루시아라는 단어를 헬

---

16) *In I Thess., Hom.*, VIII, 1. 이것에 대해서는 Dupont, *L'Union avec le Christ*, 66을 보라.
17) Holz, *Der erste Brief an die Thessalonicher*, 203.
18) J. Plevnik, "The Parousia as Implication of Christi's Resurrection," in *Word and Spirit: Essays in Honor of David Michael Stanley on His 60th Birthday*, ed. Joseph Plevnik (Willowdale, Toronto: Regis College, 1975), 199-277; J. Plevnik, "The Taking Up of the Faithful and the Resurrection of the Dead," *CBQ* 46 (1984): 274-83.
19) Dupont, *L'Union avec le Christ*, 47-73.

라적인 자료들에서 빌려 왔을지라도 바울은 이 이미지를 왕의 파루시아에서 빌려 오지 않았다.[20] 또 '아판테시스'(apantēsis)라는 단어도 헬라적인 파루시아에서 가져온 전문적인 용어가 아니다. 왜냐하면 이 단어는 70인역의 다양한 문맥에서 빈번하게 나오고 히브리어 동의어들도 갖고 있기 때문이다. 그리고 이것이 언제나 '데려오다' 또는 '가져오다'를 의미하는 것은 아니다. 이 주장을 뒷받침하기 위해서 듀퐁은 출애굽기 19:10-18을 인용한다.[21]

> 여호와께서 모세에게 이르시되…그들에게 옷을 빨게 하고 준비하게 하여 셋째 날을 기다리게 하라 이는 셋째 날에 나 여호와가 온 백성의 목전에서 시내산에 강림할 것임이니…나팔을 길게 불거든(hai phōnai kai hai salpinges) 산 앞에 이를 것이니라…셋째 날 아침에 우레와 번개와 빽빽한 구름(nephelē)이 산 위에 있고 나팔소리(phōne tēs salpingos)가 매우 크게 들리니 진중에 있는 모든 백성이 다 떨더라 모세가 하나님을 맞으려고(eis synantēsin) 백성을 거느리고 진에서 나오매(exēgagen) 그들이 산기슭에 서 있는데 시내산에 연기가 자욱하니 여호와께서 불 가운데서 거기 강림하심이라 그 연기가 옹기가마 연기같이 떠오르고 온 산이 크게 진동하며….

이 이야기에 의하면, 주님은 구름에 둘러싸인 채로 나팔소리와 천둥소리 가운데 하늘로부터 시내산 위로 내려오신다. 그러면 모세는 주님을 영접하려고(eis synantēsin) 백성들을 시내산 위로 데려간다. 이 묘사와 데살로니가전서 4:13-18 사이에 나타나는 단어들과 이미지의 일치는 실제로 광범위하고, 얼핏 보면 설득력이 있다. 듀퐁에 의하면, 바울에게 익숙한 이 신의 현현이 데살로니가전서 4:16-18에 나오는 주님의 오심에 대한 묘사에 사용된 영감의 자료였다.

그러나 좀 더 자세하게 살펴보면, 시내산 이야기와 데살로니가전서 4:16-

---

20) Dupont, *L'Union avec le Christ*, 64.
21) Dupont, *L'Union avec le Christ*, 69-73.

18 사이에는 이미지와 그 이미지 사용 둘 다에 있어서 상당한 차이들이 있다. 첫째로, 데살로니가전서 4:16에 나오는 천사장에 대한 언급은 동시대의 묵시적인 자료를 시사한다. 왜냐하면 천사장들은 70인역에서는 언급되지 않기 때문이다. 둘째로, 구름은 데살로니가전서 4:17에서는 운송 수단의 기능을 갖고 있는 반면에, 시내산 이야기에서는 하나님의 현존을 가리는 기능을 갖고 있다. 셋째로, 시내산 묘사에서는 백성들은 하나님을 만나기 위해서 모세에 의해서 산 위로 올라가게 되거나(exēgagen) 모세와 함께 올라간다. 반면에 데살로니가전서 4:16-17에서는 신자들은 '공중에서' 주님을 만나려고 구름에 의해서 끌려 올라간다(harpazomai). 그들은 '끌어올리다'로 표현되는 하나님의 행동의 대상이다. 넷째로, 시내산 이야기에서는 산 위에서의 만남 후에 하나님은 하늘로 돌아가시고 백성들은 내려와서 그들의 장막으로 돌아간다. 반면에 데살로니가전서 4:17에서는 사람들은 '영원히' 주님과 함께 머문다. 다섯째로, 시내산 이야기에는 '호령'(keleusma)과 '천사장의 소리'(살전 4:16)에 상응하는 용어가 나오지 않는다.[22] 시내산 이야기가 실제로 데살로니가전서 4:13-18에 나오는 몇몇 모티브에 대한 영감의 자료일지도 모른다. 그러나 데살로니가전서 4:13-18에 나오는 대부분의 이미지는 그 이야기와 일치하지 않는다.

예레미아스는 데살로니가전서 4:16-17의 본문이 예수에게서 유래한다고 주장했다. 왜냐하면 바울이 15절에서 "우리가 주의 말씀으로 너희에게 이것을 말한다"고 말하기 때문이다. 이 제안은 우리로 하여금 데살로니가전서 4:16-17 뒤에 있는 전승을 살펴보게 한다. 여기에서 '주님의 말씀'은 무슨 의미인가? 인용인가? 예수의 말씀의 의역인가? 고린도전서 7:8-12에서처럼, 예수에 대한 일반적인 언급인가? 학자들은 복음서들에서 설득력 있는 병행본문을 제공하지 못했다. 예수의 생애에서 이런 위로를 요구할 만한 상황을 상

---

22) 이 모티브의 의미에 대해서는 J. Plevnik, *Paul and the Parousia: Exegetical and Theological Investigation* (Peabody, MA: Hendrickson, 1997), 45-50을 보라.

정하는 것은 실제로 어렵다.[23]

4) 데살로니가전서 4:16-17 배후의 전승

듀퐁은 데살로니가전서 4:13-18의 본문을 바울에게 돌리는 반면에, 예레미아스는 데살로니가전서 4:16-17의 대부분을 예수에게로 돌린다. 바울은 그 안에서 단지 몇 개의 단어만을 고쳤을 뿐이다. 예레미아스에 의하면, 원래의 본문은 다음과 같았다.

> 인자가 호령과 천사장의 소리와 하나님의 나팔소리로 친히 하늘로부터 강림할 것이고 죽은 자들이 일어날 것이다. 그 후에 살아남은 자들도 그들과 함께 구름 속으로 끌어올려 공중에서 (그를) 영접하게 될 것이다.

바울은 이 본문을 조정했다. 그는 '인자'를 '주님'으로 대체했다. 그리고 그는 지시어 먼저(first)를 삽입함으로써, 즉 부활이 들려 올라가는 것보다 먼저 발생하게 함으로써 이 본문으로 하여금 데살로니가의 문제에 대해서 말하게 만들었다. 예레미아스에 의하면, 이 본문은 '아그라폰'(agraphon), 즉 기록되지 않은 예수의 말씀이다.[24]

예레미아스는 예수의 생애에서 그 상황을 재구성하는 데에 어려움을 느낀다. 이것에 적합한 경우는 어떤 경우일까? 그는 다니엘 7:13의 이미지로 하늘로부터 내려오는 인자의 오심을 묘사하는 마가복음 13:26에 상응할 만한 단락을 제안한다. 예레미아스에 의하면, 예수는 제자들의 순교를 예기하고 이 말들로 그들을 준비시켰다. 그러나 재구성된 본문은 예수가 왜 구름 타고 들려 올라가는 것에 대해서 말했을지 설명하지 못하고 또 예레미아스는 바울

---

23) Plevnik, *Paul and the Parousia*, 78-81.
24) J. Jeremias, *Unknown Sayings of Jesus* (London: SPCK, 1964), 80-83.

이 이 본문을 이전에 데살로니가에서 사용하다가 우연히 어떤 신자들이 죽었을 때에 데살로니가 교인들을 경악하게 만들었는지 여부를 묻지 않는다. 만약에 데살로니가 교인들이 이것을 바울의 이전 방문 때부터 알았다면, 그들은 죽은 동료 그리스도인들로 인해서 걱정하게 될 충분한 이유를 가지고 있었을 것이다.

루츠는 이것이 바울 이전의 전승이라는 예레미아스의 제안을 취하나, 이 절들을 예수에게 돌리지는 않는다. 그에 의하면, 그것들은 초기 교회의 바울 이전 전승에서 유래했다. 그는 예레미아스가 예수에게서 유래한 것으로 인정한 본문에서 그 후에(then), 죽은 자들(the dead), 우리(we who) 등과 같은 몇몇 단어를 더 제거한다. 남아 있는 전승은 다음과 같다.

> 주님이 호령과 천사장의 소리와 하나님의 나팔소리로 하늘로부터 강림하실 것이다. 주님 안에서 죽은 자들이 일어날 것이다. 살아남은 자들도 그들과 함께 구름 속으로 끌어올려져서 공중에서 주님을 영접하게 될 것이다.[25]

루츠에 의하면, 이 전승은 초기 교회에서 파루시아 지연문제를 다룬 근래의 바울 이전의 상황을 시사한다. 이것은 초기 교회의 예언적인 언급에서 유래한다. 그는 바울이 이 전승을 이전에 데살로니가에서 사용했는지 여부에 대해서는 아무런 말도 하지 않는다. 그는 바울이 왜 기존의 전승을 이렇게 고쳤는지도 설명하지 않고 바울이 살아남은 자들은 부활한 자들과 함께 끌어올려질 것이라고 주장함으로써 어떤 근심을 달랬는지도 설명하지 않는다.

뤼데만(Luedemann)은 전승의 표현을 더 축소한다.[26] 그는 앞의 루츠처럼, 이 전승을 예수에게 돌리지 않고 바울 이전 교회 공동체 전승으로 본다. 그에 의하면, 단지 다음의 것만이 바울 이전 전승이다.

---

25) Luz, *Das Geschichtsverständnis des Paulus*, 329.
26) G. Luedemann, *Paul, Apostle to the Gentiles: Studies in Chronology* (Philadelphia: Fortress, 1984), 222-36, 특히 225-56.

주님이 호령과 천사장의 소리와 하나님의 나팔소리로 하늘로부터 강림하실 것이다. 그리고 죽은 자들이 일어날 것이다. 남아있는 자들은 구름 속으로 끌어올려져서 공중에서 주님을 영접하게 될 것이다.

뤼데만은 주께서 땅에 그의 왕국을 세우기 위해서 하늘로부터 내려온다고 말한다. 그보다 먼저 피터슨이 그랬던 것처럼, 그는 영접하다(eis apantēsin)라는 표현은 신자들이 주님을 그들의 땅의 도시로 데려오려고 올라가는 것을 시사한다고 주장한다. 그의 앞의 루츠의 재구성처럼, 뤼데만의 재구성도 이 재구성이 죽은 동료 신자들로 인한 교회 공동체의 근심과 슬픔을 어떻게 달랬는지를 보여 주는 데에 실패했다. 이 재구성은 현재의 전승이 그 슬픔을 어떻게 제거하는지 또는 바울의 원래의 본문이 교회 공동체에서 왜 슬픔을 야기했는지를 설명하지 못한다.

뤼데만은 원래의 전승에서 분명한 모순을 본다. 전승은 죽은 자들로부터 부활한 자들은 주님에게 데려가지 않을 것이라고 가정한다는 것이다. 부활한 자들과 살아 있는 자들은 서로 독립적으로 주님의 도착과 연결되어 있다. 그에 의하면, "재구성된 전승에서 죽은 자들의 부활을, 실험적으로 살아 있는 자들의 데려감 이후에 자리매김하는 것도 허용할 수 없는" 것은 아니다.[27] 그러나 이것은 호프만과 루츠의 해결책에서처럼 중간통치를 암시할 것이다. 게다가 바울이 준 변화가 데살로니가 교인들의 근심을 어떻게 달랬느냐는 질문도 여전히 남아 있다.

나는 이 문제를 "데살로니가전서 4:13-18에 나오는 신자들의 끌어올림과 죽은 자들의 부활"("The Taking Up of the Faithful and the Resurrection of the Dead in 1 Thessalonians 4:13-18")이라는 논문과 『바울과 재림』(*Paul and the Parousia*) 이라는 책에서 다루었다. 나는 데살로니가의 진짜 문제는 죽은 자들을 끌어

---

27) Luedemann, *Paul, Apostle to the Gentiles: Studies in Chronology*, 227.

올리는 것에 관한 것이었다고 생각한다.[28] 어떻게 죽은 자들이 끌어올려질 수 있다는 말인가? 이 질문은 우리로 하여금 데살로니가의 근심의 본질과 이 근심이 어떻게 생겨났는지를 살펴보게 한다.

5) 데살로니가의 문제

우리는 위의 해결책들 가운데 어떤 것도 데살로니가의 슬픔의 본질을 제대로 다루지 못하는 것을 살펴보았다. 데살로니가전서에는 주님의 오심을 가리키는 수많은 언급들이 나온다. 이 현상은 바울이 이미 이전에 데살로니가 교인들에게 주님의 오심과 그것에 대한 그들의 참여에 대해서 이야기했다는 것을 분명하게 보여 준다. 그렇다면 과연 무엇이 죽은 동료들이 주님의 오심에 참여하는 것과 관련해서 그들의 근심을 야기했는가? 데살로니가전서 4:13-18에 나오는 바울의 대답 가운데 무엇이 그것을 가리키는가? "데살로니가전서 4:13-18에 나오는 신자들의 끌어올림과 죽은 자들의 부활"이라는 논문에서 나는 데살로니가의 근심은 바울이 신자들과 주님의 연합을 끌어올림(a taking up)으로 제시하는 것과 관련되어 있다고 제안했다.[29] 이 이미지는 오직 살아 있는 자들만이 구름 위로 끌어올려질 수 있다는 암시를 준다. 다른 말로 표현하자면, 끌어올려져서 생명의 영역으로 옮겨지기 위해서는 살아 있어야만 한다는 것이다. 끌어올려지는 것은 정말로 죽음을 우회하는 것이다. 이것에 대한 예들은 에녹과 엘리야의 승천이다. 어떤 전승에 의하면, 모세의 승천도 있다. 죽은 자들이 끌어올려지는 것에 대한 가장 좋은 동시대적인 예는 요한계시록 11:11-12에서 발견된다. 이 본문은 예루살렘에서 두 증인이 끌어올려지는 것을 묘사한다. 두 증인은 죽임을 당했기 때문에 그들이 먼저 다시 살아났고 그 후에 끌어올려졌다. "삼 일 반 후에 하나님께로부터

---

28) Plevnik, "The Taking Up of the Faithful," 274-83; Plevnik, *Paul and the Parousia*, 65-98.
29) Plevnik, "The Taking Up of the Faithful," 274-83.

생기가 그들 속에 들어가매 그들이 발로 일어서니 구경하는 자들이 크게 두려워하더라 하늘로부터 큰 음성이 있어 이리로 올라오라 함을 그들이 듣고 구름을 타고 하늘로 올라가니 그들의 원수들도 구경하더라." 똑같은 순서-먼저 부활, 그 후에 승천-가 예수의 승천 이야기에도 나온다(행 1:9-11). 로핑크 (G. Lohfink)에 의하면, 이 이미지는 이교도의 고대문헌에서도 발견된다. 따라서 이것은 데살로니가 교인들에게도 친숙했을 것이다.[30]

"구름 속으로 끌어올려질 것이다"(살전 4:17)는 표현은 구름에 의해서 끌어올려지는 자들은 살아 있다는 암시를 준다. 이 이해는 성경의 이야기들에 나오는 구름에 대한 특수한 사용에서 유래한다. 이 본문들에서 우리는 구름의 두 가지 기본적인 기능을 발견한다. 하나는 구름 안에(in) 있는 것과 관련이 있고, 다른 하나는 구름 위에(on) 있는 것과 관련이 있다. 첫 번째 의미(구름 안에)는 신의 현현들에서 발견된다. 이 이야기에서 구름은 하나님을 하늘에서 땅으로 이동시키지 않고 신의 현현에서 하나님의 현존을 감싸고 덮는다.[31] 우리는 이 이미지를 마가복음 9:7, 마태복음 17:5, 누가복음 9:34-35에 나오는 변모 이야기들에서 만난다.

또 다른 의미(구름 위에)에서는 구름은 땅과 하늘 사이의 운송수단이다. 이 구름은 살아 있는(living) 인간들을 위해서 사용된다. 만약 바울이 이전에 데살로니가 교인들에게 신자들은 구름에 의해서 끌어올려질 것이라고 말했다면, 어떤 신자들이 죽었을 때 남아 있던 자들은 그 죽은 자들이 끌어올려질 수 없을 것이라고 생각했을 것이다. 끌어올려지기 위해서는 살아 있어야만 했다. 죽은 자들은 영광스러운 구원의 사건을 놓칠 것이다. 왜냐하면 죽음이 그들에게서 주님과의 이 행복한 연합을 빼앗아 갔기 때문이다. 죽은 자들은 끌어올려질 수 없다.

---

30) G. Lohfink, *Die Himmelfahrt Jesu: Untersuchungen zu den Himmelfahrts- und Erhöhungstexten bei Lukas* (SANT 2; Munich: Kösel, 1971), 32-78. 이것에 대해서는 Plevnik, *Paul and the Parousia*, 60-63을 보라.

31) 이것에 대해서는 Lohfink, *Die Himmelfahrt Jesu*, 73을 보라.

이 두려움에 대응하기 위해서, 바울은 데살로니가전서 4:16-18에서 주님과의 연합에 대해서 이전에 말했던 것을 반복하고 그의 진술에 부연설명을 덧붙인다. 먼저 그는 데살로니가 교인들을 죽음이 그들로 하여금 주님의 오심에 참여하지 못하게 하지는 못할 것이라고 안심시킨다. 그리스도의 부활에 대한 그들의 믿음이 그들에게 이것을 보장해 준다. 그리스도의 부활은 그들의 부활을 암시한다. 그는 그들에게 하나님이 그들을 그리스도와 함께 그의 앞으로 데려가실 것이라고 말한다(14절). 바울은 죽은 자들은 되살아나서 그리스도와 함께 하나님의 면전으로 데려가질 것이라고 암시적으로 말한다. 그런 후에 바울은 그들에게 주님이 오실 때에 살아 있는 자들이라도 죽은 자들보다 조금도 유리하지 않을 것이라고 '주님의 말씀'에 근거를 두고 보증한다(15절). 그런 후에 그는 죽은 자들이 어떻게 끌어올려지는지 설명하기 위해서 주님의 오심을 묘사한다. 그는 "그리스도 안에서 죽은 자들이 먼저 일어나고 그 후에 우리 살아남은 자들도 그들과 함께 구름 속으로 끌어올려 공중에서 주를 영접하게 하시리니 그리하여 우리가 항상 주와 함께 있으리라"(16-17절)고 설명한다. 이렇게 먼저 일어난 부활이 죽은 자들이 끌어올려지는 것을 가능하게 만든다. 즉 그들은 다시 살아났다는 말이다. 이 이유 때문에 부활은 이제 생명으로 회복되는 것으로 묘사된다. 왜냐하면 끌어올려지기 위해서 필요한 것은 살아 있는 것이기 때문이다. 이제는 끌어올려질 수 있다. 이것으로 충분하다. 왜냐하면 살아 있는 것이 그들에게 끌어올려지는 데에 필요한 요건을 부여해 주기 때문이다.

이것은 바울이 이전에 데살로니가 교인들에게 이런 식으로 말했을 것이라고 시사한다. 즉 그는 부활을 끌어올려지는 것으로 묘사했다는 것이다. 몇몇 신자들이 죽었을 때에, 이 묘사는 데살로니가에서 당혹을 야기했다. 어떻게 죽은 자들이 끌어올려질 수 있단 말인가? 그들의 죽음이 그것을 불가능하게 만들지 않았는가? 그들은 아마도 나중의 사건을 위해서 뒤에 남겨진 것이 아닌가? 그들을 안심시키기 위해서 바울은 주님의 오심에 대해서 이전에 말했던 것을 다시 말하면서 이번에는 몇몇 부연설명도 첨가한다. 먼저(first) 죽은 자들이 일어날 것이고 오직 그 후에(then) 그리고 살아 있는 자들과 함께(together with) 그들은 끌어올려질 것이다. 이 묘사에서 살아 있는 자들은 죽은 자들에 비해서 아무런 유리한 점도 없다. 부활은 주님의 오심 및 끌어올려지는 것과 일치한다.

따라서 현재의 본문은 바울이 이전에 말했던 것을 몇몇 추가적인 설명을 덧붙여서 반복하는 것이다. 바울은 이전에 데살로니가를 방문했을 때에 말했던 것을 다시 진술한다. 우리는 그가 그 경우에 전승에 의지했는지 또는 그 전승이 예수 자신에게까지 올라가는지 여부에 대해서는 여기에서는 미해결로 남겨 둔다. 여기에서 비바울적인 어휘는 파루시아를 묘사하기 위해서 사용된 묵시적인 이미지에 국한되고 또 이 어휘가 그 자체만으로 본문을 비바울적인 전승으로 암시할 필요는 없다. 묵시적인 언어도 바울의 언어였다.

그래서 데살로니가전서 4:16-17에 나오는 부활에 대한 독특한 묘사에 관한 질문이 제기된다. 이 묘사는 바울이 주님이 오실 때에 살아 있는 자들과 죽은 자들의 변화에 대해서 이야기하는 고린도전서 15:50-54에 나오는 묘사와 갈등을 일으키지 않는가? 만약에 바울이 동일한 이슈를 다루고 있다면, 갈등을 일으킬 것이다. 그러나 그는 여기에서 동일한 이슈를 다루지 않는다. 두 설명 사이의 차이들은 바울이 각각의 경우에 다루고 있는 다른 이슈들을 반영한다.[32] 데살로니가전서 4:16-17에서는 죽은 신자들이 어떻게 주님의 오심에 참여할 수 있는지(can)를 설명하고 있다. 그래서 부활을 다시 살아나는 것으로 묘사한다. 왜냐하면 이것이 그들로 하여금 끌어올려지는 것에 동참할 수 있게 해 주기 때문이다. 전체 사건은 그들의 존재 양식의 변화를 시사한다. 끌어올려지는 자들은 영원히 주님과 함께 있을 것이다. 이것은 그들의 현재

---

32) Plevnik, *Paul and the Parousia*, 97-98.

의 땅의 존재의 끝을 의미한다. 따라서 이 이미지는 끌어올려지는 자들의 변화를 시사한다. 전체적인 초점은 주님의 오심에 맞춰져 있다.

하지만 고린도전서 15장에서는 바울은 특별히 하나님 나라에 들어갈 수 있는 전제조건인 변화(transformation as a precondition)에 대해서 이야기한다(고전 15:50). 여기에서 파루시아는 그때에 살아 있는 자들과 죽은 자들의 변화가 일어날 미래의 사건으로 제시된다(고전 15:51-52). 초점은 사멸성에서 불멸성으로 바뀌는 것인 변화에 맞춰져 있다. 이 변화에는 죽은 자들의 부활과 살아 있는 자들의 불멸성으로의 바뀜이 포함된다. 파루시아 사건은 죽은 자들의 부활을 포함하는 변화가 일어나는 때이다. 그것은 부활을 미래에 자리매김하고, 부활을 그리스도의 부활의 완성으로 제시한다.

6) 데살로니가전서 4:16-17에 나오는 이미지들

데살로니가전서 4:16-17은 이미지들로 가득 차 있다. 우리는 주님이 하늘로부터 강림하는 묘사에서 세 개의 이미지를 발견하고 신자들이 끌어올려지는 것과 관련해서 두 개의 이미지를 발견한다. 주님은 '호령'과 '천사장의 소리'와 '하나님의 나팔소리'로 하늘로부터 강림한다(16절). 신자들은 '구름 속으로 끌어올려진다'(harpagēsometha, 17절). '끌어올려진다'와 '구름 속으로'라는 두 이미지는 이미 위에서 살펴보았다. 이제는 주님의 하늘로부터의 강림을 묘사하는 처음 세 개의 이미지를 살펴본다.

바울은 주님의 오심을 다음과 같이 묘사한다. "주께서 호령과 천사장의 소리와 하나님의 나팔소리로 친히 하늘로부터 강림하시리라"(살전 4:16). 이 이미지들에 대한 온갖 종류의 제안들이 과거에 제시되었다. 누가 명령을 내리는가? 도대체 무슨 명령인가? 누구에게 명령하는가? 천사장의 소리는 이 명령과 어떤 관련이 있는가? 하나님의 나팔은 이 명령 및 천사장의 소리와 어떤 관련이 있는가?

파울 네퍼-크리스텐젠(Paul Nepper-Christensen)은 주님의 하늘로부터의 강림을 묘사하는 16a절에서 그림의 명료성이 사라진다고 말한다. 그래서 위의 질문들 가운데 어떤 것도 확실하게 대답할 수 없다.[33] 제임스 프레임(James E. Frame)에 의하면, "죽은 자를 살리시는 하나님이(14절) 또는 부활의 매개자인 그리스도가 천사장 미가엘에게 죽은 자들을 깨우라고 명령한다고 볼 수 있다." "이 명령은 하나님의 나팔을 통해서 죽은 자들에게 말하는 천사장의 소리에 의해서(고전 15:52 참조) 즉시 실행된다."[34] 하지만 리고에 의하면, 세 부가절이 독립적인 진술들인지 아니면 마지막 두 부가절이 첫 번째 부가절을 상술하는지를 결정하는 것은 불가능하다. 그래서 그는 첫 번째 절을 '원문의 애매모호함 가운데' 남겨 둔다.[35] 루시앙 세르포(Lucien Cerfaux)는 호령(en keleusmati)이라는 명령 모티브를 언급조차 하지 않는다.[36]

『바울과 재림』에서 나는 데살로니가전서 4:16-17에 나오는 주님의 오심에 대한 묘사와 비슷한 문맥들에 나오는 명령 모티브를 추적했다. 나는 구약성경의 신의 현현 이야기들에서 보통 책망(rebuke)으로 번역되는 히브리어 게아르(gā`ar)는 '명령'(command)의 의미를 가지고 있다고 밝혔다. 70인역은 이것을 보통 명령(command, epitiman)으로 번역한다. 70인역이 어떤 다른 단어를 선택할 때는, 심마쿠스(Symmachus)나 테오도티온(Theodotion)이나 아퀼라(Aquilla)가 그 자리에 에피티만(epitiman)이나 에피티메시스(epitimēsis)를 사용한다. 그래서 '명령'의 뉘앙스는 항상 들어 있다. 게다가 명령을 내리는 주체는 항상 하나님이시고 명령은 항상 원수에게 내려진다. 그래서 '책망'이라는 번역이 적절하다. 시편 18:16에서는 명령이 적대적인 큰물에게 내려지자,

---

33) Nepper-Christensen, "Das verborgene Herrenwort. Eine Untersuchung über 1. Thess. 4,13-18," *ST* 19 (1965): 136-54.
34) J. E. Frame, *A Critical and Exegetical Commentary on the Epistles of St. Paul to the Thessalonians* (ICC; Edinburgh: T. & T. Clark, 1912), 174.
35) Rigaux, *Les Épîtres aux Thessaloniciens*, 542.
36) L. Cerfaux, *Christ in the Theology of St. Paul* (New York: Herder & Herder, 1959), 38.

큰물은 물러가서 자기의 영역 내에 머무른다. 사무엘상 22:16, 시편 68:31, 104:7, 106:9, 이사야 27:13, 50:2, 54:9, 나훔 1:4, 욥기 26:22에서는 오만한 자들, 교만한 자들, 힘 있는 자들, 적들에게 명령이 내려진다. 언젠가 예루살렘이 하나님의 진노를 초래했을 때에는 그 도시에게 명령이 내려졌다. 명령 모티브는 에녹1서 61:6, 101:7, 102:1, 2:1, 에스라4서 12:33 등과 같은 유대의 묵시적인 문헌과 사해사본에서도 나타난다.[37] 키(H. C. Kee)는 이 모티브가 예수의 귀신축출 이야기들에도 들어 있다고 제안한다. 거기에서도 우리는 헬라어 에페티메센(epetimēsen)을 발견한다.[38]

이 설명은 데살로니가전서 4:16에 나오는 명령 모티브를 어느 정도 밝혀 준다. 이제 우리는 명령은 하나님 또는 그리스도가 내린다고 말할 수 있다. 명령은 항상 적에게 내려지기 때문에 '책망'의 의미를 가지고 있다. 그래서 명령은 그리스도나 천사에게 내려지지 않는다. 다른 두 모티브는 아마도 이 첫 번째 모티브를 강화하고 있는 것 같다. 이것들은 주님의 오심이 갖고 있는 능력과 영광을 드러내는 데에 기여한다.[39]

---

37) 이것에 대해서는 Plevnik, *Paul and the Parousia*, 45-50을 보라.
38) H. C. Kee, "The Terminology of Mark's Exorcism Stories," *NTS* 14 (1967-68): 223-46.
39) Plevnik, *Paul and the Parousia*, 50-60.

*What Are They Saying About
Paul and the End Time?*

5

불굴불변의 소망

현재의 그리스도인의 존재(existence)의 완성은 소망(hope)이라는 제목하에 포괄될 수 있다. 왜냐하면 이것은 영광스러운 미래의 성취를 다루기 때문이다. 소망의 개념은 우리로 하여금 바울의 선언들을 종합적으로 보게 해주고, 이것과 관련해서 그의 사고의 연속과 발전을 추적하게 해주고 그 사고의 토대와 요지를 확립하게 해준다. 부분적으로는 이미 살펴본 단락들도 다시 언급할 것이다. 하지만 그것은 바울의 단편적인 사고를 그의 전반적인 신학으로 융합하고자 하는 목적에서이다. 이 주제는 『바울과 재림』(*Paul and the Parousia*)에서 다루어졌다.[1] 여기에서는 이 주제에 관한 더 많은 학자들의 논의를 살펴본다.

카를 보쉬츠(Karl M. Woschitz)는 신약성경에 나오는 소망을 구약성경, 헬라, 로마 배경과 대조해서 살펴보았다. 그는 소망(elpis)이라는 어휘가 명시적으로 들어 있는 구절들뿐만 아니라 내용이 소망을 포함하는 구절들도 조사했다. 네베(G. Nebe)는 그의 연구를 어휘에 집중했다. 그는 엘피스(elpis)를 동의어들과 함께 연구했다. 그는 바울서신에는 획일적인 소망의 개념이 없다고 결론지었다. 또한 그는 소망의 어휘가-그 다양성에도 불구하고-다양한 관

---

1) Plevnik, *Paul and the Parousia*, 197-220.

련 관점에서 제시된 미래의 실제를 가리킨다는 것을 관찰했다. 종말의 구원은 바울의 소망의 원래적이고 적절한 장소이다.[2] 이 연구들은 이 소망이 현재 땅의 존재를 초월하는 새롭고 포괄적인 구원의 활동과 연결되어 있다는 것을 밝혀 냈다. 이 소망은 그리스도인들의 자아 이해에 속한다.

보쉬츠는[3] 헬라사상의 소망과 성경의 소망 사이의 차이를 지적했다. 헬라사상에서는 소망이 현재의 실재에 근거를 둔다. 이 소망은 있는 것에 근거를 둔 투사체이다. 이 소망은 이 세계의 가능성 내에서 실현될 수 있는 영역 안에 머문다. 하지만 성경에서는 소망이 전능의 하나님에 대한 신뢰의 차원이다. 이 소망은 현재의 실제에 근거를 두지도 않고 제한되지도 않는다. 종종 이 소망은 이 세계에서 가능하다고 여겨지는 것을 거스르기도 한다.

바울에게는 아브라함이 소망의 모델이다. "그는 바랄 수 없는 중에 바라면서 자기가 많은 민족의 조상이 될 것이라고 믿었다"(롬 4:18). "그는 믿음이 없어 하나님의 약속을 의심하지 않았다"(20절). 이 소망은 죽은 자들을 살리시는 하나님에 대한 믿음의 차원이다. 바울은 로마서 8:24에서 "우리가 소망으로 구원을 얻었으매 보이는 소망이 소망이 아니니 보는 것을 누가 바라리요"라고 말한다. 이 소망은 "죽은 자를 살리시며 없는 것을 있는 것같이 부르시는"(롬 4:17) 하나님과 연결되어 있다. 이 소망은 미래를 가리킨다. 이 소망은 생명, 구원, 영광을 꿈꾼다. 이 소망은 현재 투쟁하고 있는 신자들을 강하게 만든다.

바울은 죽음과 마주친 후에, "그가 이같이 큰 사망에서 우리를 건지셨고 또 건지실 것이며 이후에도 건지시기를 그에게 바라노라"(고후 1:10)고 고백한다. 이 관점에서 보면, 이 생애의 시련은 단지 궁극적인 완성을 위한 '지극히

---

2) G. Nebe, *"Hoffnung" bei Paulus. Elpis und ihre Synonyme im Zusammenhang der Eschatologie* (Göttingen: Vandenhoeck & Ruprecht, 1983), 169-70; K. M. Woschitz, *Elpis Hoffnung: Geschichte, Philosophie, Exegese, Theologie eines Schlüsselbegriffs* (Vienna, Freiburg, Basel: Herder, 1979), 764.

3) Woschitz, *Elpis Hoffnung*, 764.

크고 영원한 영광의 중한 것'을 위한 준비일 뿐이다. 바울은 많은 생애의 시련을 열거한 후에, "우리가 잠시 받는 환난의 경한 것이 지극히 크고 영원한 영광의 중한 것을 우리에게 이루게 함이니 우리가 주목하는 것은 보이는 것이 아니요 보이지 않는 것이니 보이는 것은 잠깐이요 보이지 않는 것은 영원함이라"(고후 4:17-18)고 말한다.

바울은 종종 이 믿음의 존재의 완성에 대해서 이야기한다. 이 완성은 내적 본성이 새로워진 신자들 안에서 소망이 실현되어가는 과정을 포함한다(고후 4:10-11). 하지만 궁극적인 완성은 하늘로부터 주님의 오심, 죽은 자들의 부활, 변화, 하나님의 나라를 포함한다. 종말의 구원의 이 모든 관점은 그리스도에게 집중되어 있다. 이것들이 그리스도인의 소망을 구성한다.

1. 소망의 근거

『바울과 재림』에서 나는 바울서신에 나오는 소망의 신학적인 근거는 구약성경에 나오는 것과 동일하다고 주장했다. 그것은 하나님에게, 좀 더 자세하게 말하자면 하나님의 능력, 신실, 사랑에 집중되어 있다.[4] 보쉬츠가 지적했듯이 이 하나님 집중은 비록 헬라사상에서도 소망은 이 생애 이후의 미래에 참여하기 원하는 영혼의 영원일 수는 있지만, 헬라적인 소망의 개념과는 대조를 이룬다.[5] 구약성경의 소망에 대한 그림을 보기 위해서는 단지 이사야 43:1b-4을 읽어 보기만 하면 된다.

너는 두려워하지 말라 내가 너를 구속하였고 내가 너를 지명하여 불렀나니 너는 내 것이라 네가 물 가운데로 지날 때에 내가 너와 함께 할 것이라 강을

---

4) Plevnik, *What Are They Saying About Paul*, 91-102; Plevnik, *Paul and the Parousia*, 206.
5) Woschitz, *Elpis Hoffnung*, 760.

건널 때에 물이 너를 침몰하지 못할 것이며 네가 불 가운데로 지날 때에 타지도 아니할 것이요 불꽃이 너를 사르지도 못하리니 대저 나는 여호와 네 하나님이요 이스라엘의 거룩한 이요 네 구원자임이라…네가 내 눈에 보배롭고 존귀하며 내가 너를 사랑하였은즉….

여기에 소망(hope)이라는 단어는 나오지 않지만, 본문 전체가 소망을 다루고 있다. 이 단락은 이스라엘을 향한 하나님의 헌신을 강력하게 주장하고 소망과 확신의 이유를 제공한다. 소망의 토대는 하나님이시다. 하지만 불트만(Bultmann)이 원하는 것처럼,[6] 추상적이고 일반적인 의미에서 그렇다는 것이 아니다. 토대는 하나님이 이스라엘을 돌보시는 증거인 하나님의 구체적인 구원의 행위들이다. 하나님은 이스라엘에게 "내가 너를 구속하였고 내가 너를 지명하여 불렀다"(1절)고 상기시키시고, "나는 여호와 네 하나님이다"(3절)라고 당신의 권위를 가리키시고 "네가 내 눈에 보배롭다"(4절)라고 당신의 사랑을 드러내신다. 하나님은 이스라엘에게 신실할 것을 약속하신다. "내가 너와 함께 할 것이다"(2절). 이것에 근거해서 이스라엘의 미래는 안전하다.

이 보증은 한 민족인 이스라엘의 생존과 회복에 관심을 둔다. 전반적인 문맥은 '민족의 소망'이다.[7] 라이트(N. T. Wright)에 의하면, 이 언어는 호세아에서는 은유적이고 이사야에서는 모호한 반면에, 다니엘에서는 분명하고 의도적이다. 이것은 기본적으로 이 세계적인 소망이다. 메시아 소망도 여기에 포함된다.[8] 따라서 이스라엘의 존재에 관계되는 한, 궁극적인 실재는 이 땅에 자리매김을 하게 되었다.

호프만(Hoffmann)에 의하면, 그리스도인들도 역사의 주, 창조자, 그의 백성의 언약 상대자이신 하나님의 신실을 신뢰한다.[9] 내가 밝혔듯이, 바울은 하

---

6) R. Bultmann, "ελπίς," *TDNT* 2: 517-23.
7) N. T. Wright, *The Resurrection of the Son of God* (Minneapolis: Fortress Press, 2003), 121.
8) Wright, *The Resurrection*, 121-22.
9) Hoffmann, *Die Toten in Christus*, 338-41.

나님의 '능력'(롬 1:16)에 대해서, 하나님의 '인내와 위로'(롬 15:5)에 대해서, '하나님의 사랑'(고후 5:5)에 대해서 이야기한다.[10] 정말로 소망의 실현은 하나님의 지속적인 후원에 달려 있다. 그래서 바울은 하나님이 데살로니가 교인들의 마음을 '거룩하게,' '굳건하게 해 주셔서,' "우리 주 예수께서 그의 모든 성도와 함께 강림하실 때에 하나님 우리 아버지 앞에서…흠이 없게 하시기를"(살전 3:13; 5:23 참조) 간구한다. 그는 고린도 교인들에게 하나님이 그들을 '끝까지' 견고하게 하셔서 "우리 주 예수 그리스도의 날에 책망할 것이 없게" 하실 것이라고 분명하게 말한다(고전 1:1-9). 그들은 지금 "모든 은사에 부족함이 없이 우리 주 예수 그리스도의 나타나심을 기다리고"(고전 1:7) 있다. 이와 관련해서 하나님의 도움이 가장 명백한 경우는 신자들에게 주시는 성령의 선물이다. 바울은 다시 고린도 교인들에게 이렇게 말한다. "이것을 우리에게 이루게 하시고 보증으로 성령을 우리에게 주신 이는 하나님이시니라"(고후 5:5). 그는 이것을 로마서 5:5에서도 언급한다. 우리에게 주어진 성령의 선물은 하나님의 헌신의 표시이다. 그래서 소망은 실망시키지 않는다. "왜냐하면 하나님의 사랑이 우리 마음에 부어졌기 때문이다."

2. 그리스도에게서 드러나는 하나님의 신실, 사랑, 능력

이 하나님께 집중된 소망은 동시에 그리스도에게 집중된다. 하나님의 능력, 신실, 사랑의 표현은 예수 그리스도에게서, 그의 죽음과 부활에서 명백하게 드러난다. 하나님의 약속은 그리스도를 통해서 특히 그리스도의 부활을 통해서 주어진다. 그리고 하나님이 우리의 소망을 궁극적으로 실현하시는 것은 그리스도의 오심을 통해서이다.

우리가 살펴보았듯이, 전체 신약성경에서처럼 바울에게서도 소망은 부활

---

10) Plevnik, *Paul and the Parousia*, 207.

한 그리스도의 활동과 연결되어 있는 죽음 이후의 생명으로, 죽은 자들의 부활로, 살아 있는 자들과 죽은 자들의 변화로 확장된다(고전 15:50-55). 이 완성은 그리스도의 부활과 영광에 동참하는 것이고 그리스도에 의해서 실현될 것이다. 그것은 그리스도의 주권의 완성이 될 것이다. 그것은 한 민족의 집단적인 생존에 초점을 맞추지 않는다. 또는 한 민족에 소속되는 것에 근거를 두지도 않는다. 그것은 다른 의미에서 포괄적이다. 즉 부활한 그리스도는 새로운 아담이고 첫째 아담과 그의 종족에게 생긴 문제를 바로잡는다(롬 5:12-21; 고전 15:20-22). 그것은 우주적이다. 아담의 종족이 활용할 수 있게 되었다(고전 15:20-22). 또는 좀 더 구체적으로 말하자면, 믿음, 사랑, 소망으로 사는(살전 5:8), 그리스도에게 속한(살전 4:16), '하나님의 아들들'(롬 8:2)인 그들 안에 성령을 받은(롬 5:5; 고후 5:5) 모든 민족 출신의 신자들이 활용할 수 있게 되었다.

이 소망은 그리스도의 종말의 오심에, 신자들을 그리스도에 동화시킬 죽은 자들의 부활에, 부활한 그리스도의 형상으로 바뀌는 변화에 초점을 맞춘다. 바울은 그리스도가 "우리의 낮은 몸을 자기 영광의 몸의 형체와 같이 변하게 하시리라"(빌 3:21)고 말하는 동시에, 그리스도가 이것을 "만물을 자기에게 복종하게 하실 수 있는 자의 역사로" 할 것이라고 말한다. 이 능력은 하나님이 그의 부활 때에 그에게 부여하신(롬 1:4) 그리스도의 주권의 능력이다. 고린도전서 15:27에서 바울은 "하나님이 만물을 그의 발 아래에 두셨다"고 말한다.

이처럼 그리스도의 죽음과 부활이 좀 더 가까운 소망의 근거이다.[11] 그것은 우리의 부활을 포함하고 약속하는 하나님이 주신 근거이다. 바울은 데살로니가 교인들을 "우리가 예수께서 죽으셨다가 다시 살아나심을 믿을진대 이와 같이 예수 안에서 자는 자들도 하나님이 그와 함께 데리고 오시리라"(살전 4:14)고 위로할 수 있다. 그것은 그리스도와의 궁극적인 연합을, 즉 '항상 주

---

11) Plevnik, *Paul and the Parousia*, 208-10.

와 함께'(살전 4:17) 있는 것을 지향하고 있다.

바울이 북돋우는 소망은 지금 그리스도 안에 있는 생명이 종말에는 영원히 그리스도와 함께하는 생명이 될 것이라는 것이다. 하나의 존재 양식에서 다른 존재 양식으로 바뀌는 것은 죽음의 끝인 그리스도의 부활과 함께 시작되었다(고전 15:20-22). 신자들은 지금 이것에 불완전하게 참여하고 있다. 완전한 참여는 미래에 죽은 자들이 부활할 때에 실현될 것이다(고전 15:50-55). 그리스도를 일으키신 하나님의 능력이 그리스도에게 속한 자들도 일으키실 것이다. 바울이 데살로니가전서 4:14에서 데살로니가 교인들을 위로한 것처럼, 하나님은 예수를 통해서 그리고 예수와 함께 '자는 자들'을 그의 면전으로 데려오실 것이다. 바울은 자기 자신과 관련해서 "주 예수를 다시 살리신 이가 예수와 함께 우리도 다시 살리사 너희와 함께 그 앞에 서게 하실 줄을 아노라"(고후 4:14)고 주장한다.

우리는 바울서신에서 발견되는 하나님께 집중된 소망은 동시에 그리스도에게 집중된다는 것을 살펴보았다. 바로 이 특성이 이 소망을 특별히 기독교적인 소망으로 만든다. 나는 『바울과 재림』에서 바울은 하나님의 능력, 신실, 사랑을 그리스도와 연결시킨다고 지적했다.[12] 바울은 이것을 특히 하나님이 그의 아들을 죽은 자들로부터 일으키신 데에서 본다. 부활한 그리스도 안에서 하나님은 죽음(고전 15:20-22)과 악한 세력들(고전 15:24)을 정복하고 계신다. 죽음에 대한 최종적인 정복은 그리스도가 재림할 때에 일어날 종말의 부활과 변화에서 이루어질 것이다. 그리스도를 통한 의와 화해에 대해서 이야기하는 로마서에서(롬 5:1) 바울은 "우리가…서 있는 이 은혜에 들어감을 얻었으며 하나님의 영광을 바라고 즐거워하느니라"(롬 5:2)고 말한다.

그리스도를 통한 하나님의 신실은 여러 차례 언급된다. 바울은 고린도 교인들을 "너희를 불러 그의 아들 예수 그리스도 우리 주와 더불어 교제하게

---

12) Plevnik, *Paul and the Parousia*, 208-12.

하시는 하나님은 미쁘시도다"(고전 1:9)라고 안심시킨다. 그는 데살로니가 교인들을 안심시키면서 하나님의 신실을 그리스도의 죽음과 연결시킨다. "하나님이 우리를 세우심은 노하심에 이르게 하심이 아니요 오직 우리 주 예수 그리스도로 말미암아 구원을 받게 하심이라 예수께서 우리를 위하여 죽으사 우리로 하여금 깨어 있든지 자든지 자기와 함께 살게 하려 하셨느니라"(살전 5:9-10). 하나님의 신실은 또한 그리스도의 죽음과 부활의 전체 사건에서도 나타난다. 예수를 죽은 자들로부터 일으키신 하나님은 우리도 죽은 자들로부터 일으키실 것이다(살전 4:14; 고후 4:14; 롬 4:23; 5:5-10). 그러므로 신자들은 서로 격려할 수 있다(살전 4:18; 5:11).

우리를 향한 하나님의 사랑은 특히 하나님이 우리를 위해서 당신의 아들을 주시는 데에서 드러난다. 바울은 "우리가 아직 죄인되었을 때에 그리스도께서 우리를 위하여 죽으심으로 하나님께서 우리에 대한 자기의 사랑을 확증하셨느니라"(롬 5:8)고 말한다. 그는 이것을 10절에서 다시 진술한다. "우리가 원수되었을 때에 그의 아들의 죽으심으로 말미암아 하나님과 화목하게 되었은즉 화목하게 된 자로서는 더욱 그의 살아나심으로 말미암아 구원을 받을 것이니라." 그는 나중에 이렇게 묻는다. "만일 하나님이 우리를 위하시면 누가 우리를 대적하리요 자기 아들을 아끼지 아니하시고 우리 모든 사람을 위하여 내주신 이가 어찌 그 아들과 함께 모든 것을 우리에게 주시지 아니하겠느냐"(롬 8:31-32). 이것 때문에 바울은 그의 소망에 대해서 흔들리지 않는다. "내가 확신하노니 사망이나 생명이나 천사들이나 권세자들이나 현재 일이나 장래 일이나 능력이나 높음이나 깊음이나 다른 어떤 피조물이라도 우리를 우리 주 그리스도 예수 안에 있는 하나님의 사랑에서 끊을 수 없으리라"(롬 8:38-39).

바울은 믿음을 통해서 얻는 이 실재들에 대한 지식으로 신자들의 주의를 돌린다. "우리가 예수께서 죽으셨다가 다시 살아나심을 믿을진대 이와 같이 예수 안에서 자는 자들도 하나님이 그와 함께 데리고 오시리라"(살전 4:14). 그들은 하나님이 예수를 죽은 자들로부터 일으키셨다고 믿는 믿음을 통해서 이 지식을 갖게 된다. 이것은 바울 자신이 종말 구원 사건에 참여할 것을 확신하는 고린도후서 4:13-14에서 확인된다. "기록된 바 내가 믿었으므로 말하였다 한 것같이 우리가 같은 믿음의 마음을 가졌으니 우리도 믿었으므로 또한 말하노라 주 예수를 다시 살리신 이가 예수와 함께 우리도 다시 살리사 너희와 함께 그 앞에 서게 하실 줄을 아노라."

이 소망은 아무런 요구도 하지 않는 것이 아니다.[13] 기본적인 요구는 신자들에게 주어진 성령과 일치하는 믿음과 삶이다(살전 4:7; 갈 5:22-25). 바울은 "하나님이 우리를 부르심은 부정하게 하심이 아니요 거룩하게 하심이니"(살전 4:7)라고 말한다. 갈라디아서에서는 "우리가 성령으로 믿음을 따라 의의 소망을 기다리노니"(갈 5:5)라고 주장한다. 신자는 '성령으로' 살고 '성령으로 인도된다'(갈 5:25). 그래서 바울은 신자들이 주님이 오실 때에 '흠 없고' 거룩하게 남아 있게 해 달라고 간구한다(살전 3:13; 5:23).

3. 끊임없이 지속되는 소망

이 그리스도인의 소망은 얼마나 지속되는가? 그리고 얼마나 변하지 않는가? 바울은 종말에 주님의 오심, 죽은 자들의 부활, 변화에 대해서 계속해서 이야기했는가? 그의 후기서신에서 그것의 일부 측면들을 바꾸었는가? 만약에 그랬다면, 무엇을 바꾸었는가? 하나님께 놓여 있는 소망의 근거를 바꾸었는가? 아니면 부활, 변화, 주님의 오심을 통한 완성의 본질을 바꾸었는가? 어떤 해석가들에 의하면, 바울은 바로 이 후자를 바꾸었다. 변경은 기본적으로 완성의 때 및 방법과 관련이 있다.

---

13) Plevnik, *Paul and the Parousia*, 212-13.

바울의 소망은 끊임없이 지속되고 변하지 않는다. 논란이 되지 않는 소망의 근거와 관련해서만이 아니라, 성취의 방법-종말에 일어나는 재림 및 그 재림과 연결되어 있는 부활과 변화-과 관련해서도 마찬가지이다. 이 불변성은 호프만, 보쉬츠, 네베, 다른 학자들에 의해서 관찰되었다.[14] 나는 『바울과 재림』에서 바울은 주님의 오심을-파루시아로든 주님의 날로든 계시로든-다른 서신들보다는 데살로니가전서와 데살로니가후서에서 더 자주 언급하고 있다고 지적했다. 파루시아(parousia)라는 단어는 단지 데살로니가전서에서만 사용되는 반면에, '주님의 오심,' '주님의 날,' '계시'는 서신들에서 골고루 나온다. 또 주님의 임박한 오심에 대한 기대는 데살로니가전서, 고린도전서, 고린도후서, 빌립보서에서 아주 생생하고, 심지어 로마서와 갈라디아서에서 나오는 것도 지적했다. 갈라디아서에서는 바울은 "우리가 성령으로 믿음을 따라 의의 소망을 기다리노니"(갈 5:5)라고 말한다. 그리고 로마서 13:12에서는 "밤이 깊고 낮이 가까웠으니 그러므로 우리가 어둠의 일을 벗고 빛의 갑옷을 입자"라고 권면한다.[15]

이렇게 이 소망은 변하지 않는다.[16] 특히 변하지 않는 것은 종말의 부활과 변화에 대한 소망이다. 우리는 이것이 데살로니가전서에서는 암시적으로, 고린도전서, 고린도후서, 로마서, 빌립보서에서는 명시적으로 언급되는 것을 본다. 하지만 한 가지 문제가 있다. 빌립보서 1:23에서 바울이 죽음 직후에 주님과 함께 있기를 원하는 바람을 표현하고 있는 것이다. 그렇다고 이 구절이 부활과 재림에 대한 소망으로부터 바울이 돌아섰다는 말을 하는 것은 아니다. 왜냐하면 동일한 장에서 바울은 '그리스도 예수의 날까지 이룰 완성'(빌 1:6)과 '그리스도의 날에'(10절) 순전하고 흠이 없는 것의 중요성을 언급하고 있기 때문이다. 동일한 편지에서 그는 부활과 주님의 오심도 언급한다

---

14) Hoffmann, *Die Toten in Christus*, 330; Woschitz, *Elpis Hoffnung*, 343-69; Nebe, *Hoffnung*, 272-76; Plevnik, *Paul and the Parousia*, 272-76.
15) Plevnik, *Paul and the Parousia*, 2-44.
16) Plevnik, *Paul and the Parousia*, 3-44, 272-80.

(3:10, 21-22). 우리가 이 편지를 어떻게 분할하든지 간에, 즉 우리가 3장을 또 다른 편지로 분류하든 않든 간에, 바울은 죽음 직후에 주님과 함께 있는 것과 더불어 이렇게 단락마다 종말의 완성을 언급한다. 주님이 오실 때의 변화, 죽은 자들의 부활, 주님의 오심의 가까움은 빌립보서에서 여전히 강하게 주장된다.

데살로니가전서에서는 재림이 바울의 생각의 중심을 차지하고 있던 반면에, 그의 후속 서신에서는 죽은 자들의 부활과 변화 같은 다른 이슈들이 더 중요해졌다. 게다가 바울은 보통 그의 대응을 그의 관심을 끌게 된 특수한 문제들에 집중한다. 그래서 고린도전서 15장에서는 재림 때의 죽은 자들의 부활에 대해서 이야기한다. 이것은 고린도후서 4-5장에서도 일어난다. 로마서에서는 비록 미래의 완성도 언급하기는 하지만(롬 5:1-10; 8:30; 13:11), 칭의와 현재적인 그리스도 참여에 초점을 맞춘다. 빌립보서 1:23에서는 죽음 직후에 그리스도와 함께하는 삶을 언급한다. 반면에 빌립보서 3:10, 20-21에서는 주님이 오실 때에 일어날 부활과 변화에 대해서 이야기한다.

어떤 학자들의 주장에 의하면, 바울은 그의 초점을 미래의 재림과 미래의 죽은 자들의 부활로부터 현재의 완성으로 바꾸었다고 한다. 그들은 그가 완성의 방법도 바꾸었다고 주장했다. 즉 죽은 자들의 부활이 있다면, 그 부활은 종말에 일어나지 않고 각 사람이 죽을 때에 일어난다는 것이다. 볼프강 비펠(Wolfgang Wiefel)에 의하면, 바울은 그리스도와 연합되는 소망은 처음부터 끝까지 유지하는 반면에, 그 연합의 성취와 본질은 바꾼다. 비펠은 데살로니가전서부터 고린도전·후서를 거쳐서 빌립보서에 이르는 바울의 종말론의 발전을 본다. 데살로니가전서 4:13-18에서 바울은 신자들이 구름을 타고 올라가서 부활한 주님과 하나가 되는 연합을 묘사한다. 고린도전서 15:50-55에서는 주님이 오실 때 마치 옷을 입는 것처럼, 새롭고 죽지 않는 몸을 입는 이미지를 사용한다. 고린도후서 5:1-10에서는 개인적인 변화 경험을 주장하고 영혼과 육체의 이원론을 가정한다. 빌립보서 1:23에서는 궁극적인 성취를 죽음 직후에 그리스도와 함께 있는 것으로 묘사한다.[17]

비록 미심쩍지만 비펠의 분석은 한 가지를 확실하게 밝혀 냈다. 즉 주님과 함께 있는 것에 맞춰진 초점은 결코 변하지 않는다는 것이다. 이것이 실제로 유대적인 소망과는 다른, 특별하게 기독교적인 소망의 이해이다. 비펠은 바울서신에서 다른 변하지 않는 특성들-재림, 변화, 죽은 자들의 부활, 임박한 재림 기대 등-은 소홀히 다룬다. 이것들은 많은 우연한 문맥에 얽매인 설명들에서 끊임없이 지속된다. 그래서 빌립보서 1:23에서는 "내 바람은 떠나서 그리스도와 함께 있는 것이다"고 말하는 반면에, 같은 편지에서 부활(3:10-11)과 변화(3:20-21)를 언급하기도 한다. 빌립보서를 두 편지로 나누려는 사람들이 있다. 그들은 첫 번째 편지는 3:1b-4:20이고, 두 번째 편지는 1:1-3:1b + 4:21-23이라고 생각한다. 다른 사람들은 빌립보서를 세 편지로 나누려고 한다. 그들에 의하면, 첫 번째 편지는 4:10-20이고, 두 번째 편지는 1:1-3:1b + 4:4-7, 21-23이고, 세 번째 편지는 3:1b-4:3 + 4:8-9이다.[18] 이런 시도에도 불구하고, 그들은 여전히 1:23은 1:6과 1:10이 속해 있는 편지에 속해 있다고 보아야만 한다.[19] 1:23의 부근에 있는 이 두 본문은 주님의 날을 언급한다. 실제로 죽음 직후에 주님과 함께 있는 삶은 빌립보서 1:23에서 강력하게 주장된다. 그러나 바울은 다른 곳에서는 그것에 대해서 별로 이야기하지 않는다. 호프만에 의하면, 이 두 묘사는 서로 겹친다. 이 둘의 존재(presence)에 대한 몇몇 암시가 바울이 그리스도 안에서 죽은 자들에 대해서 이야기하는 데살로니가전서

---

17) W. Wiefel, "Die Hauptrichtungen des Wandels im eschatologischen Denken des Paulus," *TZ* 30 (1974): 65-81.
18) R. Brown, *An Introduction to the New Testament* (New York, London, Toronto, Sydney, Auckland: Doubleday, 1997), 497.
19) 빌립보서를 세 개의 편지로 구분하는 것에 대해서는 W. G. Kümmel, *Introduction to the New Testament* (Nashville, NY: Abingdon, 1975), 332-35를 보라. 또한 Brown, *An Introduction to the New Testament*, 496-98도 보라.

4:13-18에서 발견된다.[20] 하지만 빌립보서 1:6, 10과 3:20-21이 가리키는 것처럼, 바울의 초점은 여전히 주님의 오심에 맞춰진 채로 남아 있다. 호프만은 이 점에 있어서 바울서신에 들어 있는 놀라운 일관성을 지적했다.[21]

이처럼 우리는 바울서신에서 궁극적인 성취와 관련되어 언급되는 다양한 이슈들을 발견한다. 그러나 사고의 발전 또는 전환의 증거는 거의 발견하지 못한다. 바울은 주님이 오실 때까지 살아 있기를 소망했고 많은 죽음과의 대면에도 불구하고 이 소망을 절대로 포기하기 않았던 것으로 보인다. 고린도후서 1:10에서 그는 주님이 자기를 살려 두실 것이라는 소망을 피력한다. "그가 이같이 큰 사망에서 우리를 건지셨고 또 건지실 것이며 이후에도 건지시기를 그에게 바라노라." 만약에 바울이 주님이 오시기 전에 죽더라도 이 사건은 주님이 그를 다른 사람들과 함께 하나님의 면전으로 데려갈 것이라는 그의 종국적인 소망에서 아무것도 바꾸지 못할 것이다. 그는 고린도 교인들에게 "주 예수를 다시 살리신 이가 예수와 함께 우리도 다시 살리사 너희와 함께 그 앞에 서게 하실 줄을 아노라"고 말한다. 하지만 시간이 흐르면서 의심의 여지없이 바울이 목회사역을 하는 가운데 부딪쳤던 도전들 때문에 특정한 이슈들이 새로운 명료성, 중요성, 긴급성을 획득하게 되었다.[22] 그것들 가운데 하나가 죽음 이후의 생명이다.

우리는 듀퐁(Dupont)과 다른 학자들이 다른 종류의 전환(shift)을 제안한 것을 살펴보았다. 그들에 의하면, 바울은 궁극적인 성취에 대한 우리의 참여를 영혼과 육체라는 헬라적인 범주들로 표현하기 시작했다는 것이다. 그들은 이것이 고린도후서 5:1-10에서 일어난다고 본다. 그러나 데살로니가전서 4:14을 재진술하는 고린도후서 4:14이 그 근처에 있는 것 자체가 이런 해석을 배제시키는 것 같다.[23]

---

20) Hoffmann, *Die Toten in Christus*, 324.
21) Hoffmann, *Die Toten in Christus*, 330.
22) Plevnik, *Paul and the Parousia*, 276.
23) 이것에 대해서는 J. Plevnik, "The Destination of the Apostle and the Faithful: Second

4. 그리스도와 함께 있는 것과 그리스도처럼 되는 것

비펠에 의하면, 바울의 생각에서 끊임없이 지속되는 하나의 특성은 신자들이 종국에는 주님과 함께 있게 될 것이라는 것이다.[24] 사실은 비펠의 논문이 나오기 수년 전에 듀퐁이 그리스도와의 연합에 대한 책을 저술했다.[25] 이것은 바울서신을 한번 훑어보기만 하면 확인된다. 우리는 데살로니가전서 4:16-17에서 바울이 "그리하여 우리가 항상 주와 함께 있으리라"로 결론짓는 것을 살펴보았다. 바울에 의하면, 그리스도가 신자들-살아 있는 자들과 죽은 자들로부터 부활한 자들-을 하나님의 면전으로 데려갈 것이다. 이것이 그리스도와 함께하는 영원한 생명이 될 것이다. 다음 단락인 데살로니가전서 5:1-11에서 바울은 이 주님과의 연합을 포괄적으로 만든다. 하나님의 뜻은 "우리로 하여금 깨어 있든지 자든지 자기와 함께 살게"(10절) 하는 것이다. 신자들의 죽음은 그리스도의 죽음을 통해서 구원하려는 하나님의 의도를 폐지하지 않는다. 고린도후서 4:14에서 바울은 주님이 오실 때에 자기는 주님과 함께 있게 될 것이라고 단언한다. "주 예수를 다시 살리신 이가 예수와 함께 우리도 다시 살리사 너희와 함께 그 앞에 서게 하실 줄을 아노라." 그는 "차라리 몸을 떠나 주와 함께 있는"(고후 5:8) 것을 원한다. 그의 바람은 "차라리 세상을 떠나서 그리스도와 함께 있는 것"(빌 1:23)이다.

바울은 또한 부활한 그리스도와 같아지는 것에 대해서도 이야기한다. 이것은 죽은 자들의 부활 및 몸의 변화에 대한 그의 이해와 연결되어 있다. 고린도전서 15:51에서 바울은 "우리가 다 잠 잘 것이 아니요…다 변화되리니"라고 단언한다. 그가 49절에서 말하듯이, 이 변화는 부활한 그리스도와 같이 되는 것과 관련된다. "우리가…또한 하늘에 속한 이의 형상을 입으리라." 바

Corinthians 4:13b-14 and First Thessalonians 4:14," *CBQ* 62 (2000): 83-95를 보라.
24) Wiefel, "Die Hauptrichtungen," 65-81 특히 81.
25) Dupont, *L'Union avec le Christ*.

울은 빌립보서 3:20-21에서 그리스도가 우리의 몸을 변화시키는 것에 대해서 이야기한다. "그는⋯우리의 낮은 몸을 자기 영광의 몸의 형체와 같이 변하게 하시리라." 땅의 존재로부터 하늘의 존재로의 변화는(고후 5:1-5) 주님과 함께 있기 위해서 집으로 돌아가는 것으로 표현되기도 한다(6절). "그러므로 우리가 항상 담대하여 몸으로 있을 때에는 주와 따로 있는 줄을 안다."

바울은 때때로 주님과 함께 있는 것과 주님과 같이 되는 것, 이 두 측면을 다 언급한다. 이 둘은 서로 상반되지 않는다. 왜냐하면 주님과 함께 있는 것은 주님과 같이 되는 것, 즉 그의 부활의 생명에 동참하는 것과도 관련되기 때문이다. 이 일치(conformation)는 몸의 변화와 관련되어 있다. 왜냐하면 사멸성은 제거되어야만 하기 때문이다. 그러나 바울에게 가장 중요한 것은 이 변화가 주님과 함께하는 영원한 생명을 가능하게 만들 것이라는 것이다.

듀퐁은 주님과 같아지는 것은 주님과 함께 있는 것보다도 더 심오한 개념이라고 주장했다. 그에 의하면, 한 개념에서 다른 개념으로의 발전이 있었다. 하지만 우리의 고찰은 이것을 확증해 주지 않는다. 주님의 재림은 본질적으로 주님이 우리 가운데 오고 우리가 영원히 주님의 주위에 모이는 것을 의미한다. 그런데 이 모이는 것은 생명에 동참하는 것, 즉 친교(communion)와 관련되어 있다. 서로 사랑하는 사람들은 서로 함께 있기를 원한다. 단결, 연합, 친교는 동행한다. 우리의 고찰은 바울이 다양한 문맥을 요구하는 모든 변화에도 불구하고 이 확신을 유지한다는 것을 보여 주었다. 함께(with, syn)라는 전치사를 갖고 있는 복합어들은 그리스도의 죽음에 대한 동참과 또 그의 부활한 생명에 대한 동참을 나타낸다.

그래서 로마서 6:4에서 바울은 "우리가 그의 죽으심과 합하여 세례를 받음으로 그와 함께 장사되었나니"라고 말하고, 5절에서 "만일 우리가 그의 죽으심과 같은 모양으로 연합한 자가 되었으면 또한 그의 부활과 같은 모양으로 연합한 자도 되리라"고 주장한다. 서로에 대한 이 근접(presence)은 단순한 육체적인 근접(proximity) 이상이다. 이것은 심오한 동참, 즉 상호 이해이다. 이 것은 서로 변화시키는 사랑에 빠져 있는 것이다. 그래서 각자는 상대방과 같이 된다. 바울의 진술에 의하면, 신자들은 이 근접(colseness)을 통해서 그리스도의 형상으로 변화되고 그의 생명에 동참하고 있다.

5. 죽음과 주님의 오심 사이

우리는 빌립보서 1:23에서 바울이 떠나서 그리스도와 함께 있고자 하는, 그의 마음에서 우러나는 열망을 표현하는 것을 살펴보았다. "내 바람은 차라리 세상을 떠나서 그리스도와 함께 있는 것이다." 호프만은 이 진술이 중간상태(interim state)에 대한 질문과 "이것이 아주 일관되게 종말의 완성을 지향하는 바울의 종말론과 얼마나 어울리느냐"는 질문을 야기한다는 것을 인정한다. 빌립보서 1:23에서 바울은 자기가 죽으면 그 즉시로 부활한 그리스도와 함께 있게 될 것이라는 확신을 표현한다. 그와 동시에 그는 종말의 부활과 주님의 오심에 대해서도 계속 이야기한다.[26] 그가 죽는 순간에 주님과 함께 있는 것으로 묘사한 그의 상태에 대해서는 숙고하지 않는다.

라이트에 의하면, 바울은 이 사후의 삶을 빌립보서 1:23에서 "아주 강렬한 용어로('차라리')" 묘사한다. "그래서 그가 그것을 무의식적인 상태로 상상했다고 가정하는 것은 불가능하다. 그는 자기를 사랑하고 그의 사랑이 자기를 내버려 두지 않을 그 존재(the one)와 인격적으로 함께 있기를 학수고대한다."[27] 그는 육체와 영혼의 이원성 또는 죽음 이후 영혼의 생존 또는 그리스도와 함께 있지 않는 죽은 신자들의 거주지는 언급하지 않는다. 그는 단지 자기는 그리스도와 함께 있게 될 것이라고 단언한다. 이때 그는 개인의 죽음 이

---

26) Hoffmann, *Die Toten in Christus*, 340.
27) Wright, *The Resurrection*, 226.

후에 그리스도와 함께 있는 것과 그리스도의 재림 때에 그리스도와 함께 있는 것-이것이 여전히 바울의 굳은 확신이다(고후 4:14; 빌 3:11, 20-21)-을 서로 비교하지 않는다.

그러나 당시의 유대 묵시문학에 속하는 에녹1서와 에스라4서에서 우리는 죽은 자들의 주거지와 그들의 다양한 상태에 대한 언급을 발견한다. 그리고 누가복음에 의하면, 예수도 그런 이미지로 이야기했다. 부자와 나사로의 비유에서(눅 16:19-31) 예수는 부자가 음부로 가고 나사로는 아브라함의 품으로 갔다고 말한다. 예수 자신이 십자가에서 좋은 강도에게 "내가 진실로 네게 이르노니 오늘 네가 나와 함께 낙원에 있으리라"고 약속한다. 그리고 요한계시록은 "하나님의 말씀과 그들이 가진 증거로 말미암아 죽임을 당한 영혼들"을 언급한다. 이 영혼들은 지금 하나님의 정의를 부르짖으면서 '제단 아래에' 있다(계 6:9-11).[28] "그들에게 흰 두루마기를 주시며 이르시되 아직 잠시 동안 쉬되 그들의 동무 종들이…죽임을 당하여 그 수가 차기까지 하라 하시니라." 요한계시록 11:11에서 예루살렘에서 죽임을 당한 두 증인은 다시 살아나서 구름을 타고 하늘로 올라갔다. 요한계시록은 분명히 중간상태에 대해서 알고 있고, 그것을 지지한다. 라이트에 의하면, 제2성전 유대교에서-마카비4서, 위포킬리데스(Pseudo-Phocylides), 아브라함 유언서에서-우리는 또한 부활에 대한 언급보다는 죽음 이후 영혼의 삶에 대한 언급을 발견한다.[29]

6. 육체와 영혼

바울의 소망은 몸과 관련되어 있다. 부활은 몸의 부활이고 변화는 현재의

---

28) 계 6:9-11의 본문은 제단이 하늘에 있다고 말하지 않는다.
29) Wright, *The Resurrection*, 140-46. 라이트에 의하면, 헬라적인 인간론이 여기에서 사용되었다. 마카비2서는 부활에 대해서 이야기하는 반면에, 마카비4서는 죽음 이후 영혼의 삶에 대해서 이야기한다(142-43).

몸과 관련되어 있다. 신학의 역사를 보면, 바울의 종말론을 영혼-영혼의 불멸성-의 측면에서 이해하려는 시도들이 반복되었다. 듀퐁과 다른 학자들은 고린도후서와 빌립보서가 유대적인 종말론으로부터 좀 더 헬라적인 종말론으로의 전환을 보여 준다고 주장했다. 논지는 바울이 특정한 헬라적인 표현들을 사용하기 때문에 그가 또한 헬라적인 방식으로 사고했다는 것이다.[30] 하지만 호프만에 의하면, 여기에 관련된 용어는 실제로 빈약하고 듀퐁의 결론을 거의 지지하지 않는다.[31] 각각의 단락을 주의 깊게 조사해 봐야만 만족할 만한 통찰을 얻을 수 있다.

호프만은 계속해서 다음과 같이 말한다. 그 언어는 실제로 헬라적인 자료들에서도 발견된다. 그리고 만약에 헬라적인 주변 환경에서 자란 바울이 그의 주변 환경의 언어를 사용하지 않았다면, 그것이 이상할 것이다. 그는 그의 고유한 통찰을 표현하기 위해서 그 언어를 사용했다. 하지만 사후의 삶에 대한 그의 묘사는 그의 주변경의 묘사와는 다르다. 즉 그는 죽음을 육체의 괴로움으로부터 벗어나는 영혼의 해방으로 이야기하지 않는다. 그의 초점은 오히려 그리스도와의 교제와 연합, 단결, 부활한 주님의 형상으로 바뀌는 변화에 맞춰져 있다. 바울은 육체와 영혼에 대한 대중적인 헬라개념들을 빌려 오지 않았다. 사후의 삶에 대한 개념들은 더더욱 빌려오지 않았다.

호프만은 에녹1서, 에스라4서, 위(僞)필로(Pseudo-Philo)에서 죽은 자들의 해방에 대한 언어를 찾을 수 있다고 인정한다. 그러나 이 해방은 유대적인 두 시대(two eons) 교리 내에서 이해되어야 한다. 현재의 시대는 악하다. 악한 영의 지배를 받는다. 미래의 시대는 선하다. 메시아적 존재와 연합되어 있다. 그것은 모든 고통에 종지부를 찍을 것이다. 심판을 통해서 보응을 받게 할 것이다. 악인들은 벌을 받을 것이고 의인들은 상을 받을 것이다. 현재의 많은

---

30) Dupont, *L'Union avec le Christ*, 173-77; M.-E. Boismard, *Our Victory over Death: Resurrection?* (Collegeville, MN: The Liturgical Press, 1999).

31) Hoffmann, *Die Toten in Christus*, 296-301.

고통들 때문에 그리고 종말의 예기되는 고통들 때문에 에스라4서의 저자는 이 세계를 떠나고자 하는 바람을 피력하기도 한다. 그러나 호프만은 이것은 현재의 불완전한 몸을 증오하기 때문이 아니라, 이스라엘 백성이 종말에 그런 고통스러운 불행을 견뎌야만 할 것이기 때문이라고 또한 이 세계의 많은 죄 때문이라고 지적한다. 게다가 그런 사고는 구약성경, 특히 욥기에서 분명하게 나타난다.[32]

부아마르(M.-E. Boismard)도 고린도후서는 고린도전서와 비교해서 중요한 변화를 보여 준다고 주장했다. 그는 이것을 몸의 부활을 수반하는 유대적인 종말론으로부터 헬라적인 영혼의 불멸개념으로의 변화로 본다.[33] 이에 반대해서 라이트는 고린도후서 4:7-5:10은 현재의 부패성을 뒤에 남겨둘 몸의 부활에 대한 소망과 결별하지 않는다고 지적한다. 바울은 재림 전의 그의 죽음에 대한 생각을 바꾸었다. 그는 이제 죽음을 실제적인 가능성으로 본다. 그는 그 가능성을 하나님이 그리스도를 통해서 그를 고린도 교인들과 함께 당신의 면전으로 데려가실 것을 아는 가운데 조용히 받아들인다(고후 4:14).[34]

7. 결론

라이트는 그의 바울의 종말론 연구를 다음과 같은 개관으로 마무리한다. "우리는 바울을…이교도적인 지도 위가 아니라 유대적인 지도 위에 자리매김한다." 하지만 유대적인 지도는 스펙트럼(spectrum)이다. 라이트에 의하면, 이 스펙트럼 내에서 바울은 "바리새인들, 많은 묵시문학가들 그리고 다른 사람들과 같은 위치에…속한다. 그는…참 하나님의 모든 참 백성들에게 일어

---

32) Hoffmann, *Die Toten in Christus*, 301.
33) Boismard, *Our Victory*. 이것에 대해서는 Wright, *The Resurrection*, 361을 보라. 바울의 종말론의 발전에 대해서는 Plevnik, *Paul and the Parousia*, 272-76을 보라.
34) Wright, *The Resurrection*, 370-71.

날 미래의 몸의 부활을…믿었다. 그리고 그는…그런 믿음의 필연적인 결과인 중간기의 상태를 언급하는 방식들을…조심스럽게 탐구했다."[35]

라이트는 바울이 "그리스도인의 삶의 구체적이고 신체적인 사건들, 특히 세례와 성별을 표시하기 위해서" 종종 부활의 언어를 은유적으로 사용한다고 인정한다. 그러나 라이트는 이것이 부활의 '영화'(spiritualization)라는 것 또는 종말의 궁극적인 완성의 이동이라는 것은 부인한다. 그는 이 은유적인 언어는 이스라엘의 회복을 고대했던 유대교 내에 들어 있었다고 지적한다(겔 37; 사 24-27, 53). 라이트에 의하면, 바울의 사고의 근저에는 예수의 부활에 대한 지식과 그가 다메섹에서 체험한 예수의 주권에 대한 경험이 놓여 있다.[36]

바울은 예수의 죽음, 부활, 주권, 재림을 그의 신학의 중심에 놓는다. 이 모든 사건들에서 그는 그리스도를 통해서 우리를 위해서 행하시는 하나님의 행동을 이해하게 되었다.[37] 하나님은 예수 그리스도를 통해서 우리의 구원을 실행하셨다. 그래서 우리는 '그리스도 안에' 있음으로써, 즉 예수 그리스도의 죽음과 부활에 의해서 빙 둘러싸임으로써 구원을 경험하게 된다. 신자들은 부활한 그리스도의 통치 안에서 살고 그리스도 안에서 주어진 하나님의 약속에 의해서 유지된다. 그 약속은 그리스도의 부활에 동참하는 것, 부활한 그리스도의 형상을 닮는 것, 영원히 그와 함께 있는 것을 포함한다. 이것 때문에 신자들은 우리의 성취와 선한 행위가 아니라 하나님이 우리를 위해서 그의 아들인 그리스도 안에서 행하신 것에 근거를 두는 무한한 확신을 가질 수 있다.

시적인 격정에 휩싸여서 바울은 그 무엇도 우리를 그리스도의 사랑으로부

---

35) Wright, *The Resurrection*, 372.
36) Wright, *The Resurrection*, 373-74.
37) 바울신학의 중심에 대해서는 J. Plevnik, "The Center of Pauline Theology," *CBQ* 51 (1989): 461-78과 "The Understanding of God at the Basis of Pauline Theology," *CBQ* 65 (2003): 554-65를 보라. 또한 J. C. Beker, J. P. Sampley, P. Achtemeier가 *Pauline Theology*, vol. 2: *Thessalonians, Philippians, Galatians, Philemon*, ed. J. Bassler (Mineapolis: Fortress, 1991), 15-36에 기고한 글도 보라.

터 그리고 그리스도 안에 있는 하나님의 사랑으로부터 분리시킬 수 없다고 외친다.

> 그러나 이 모든 일에 우리를 사랑하시는 이로 말미암아 우리가 넉넉히 이기느니라 내가 확신하노니 사망이나 생명이나 천사들이나 권세자들이나 현재 일이나 장래 일이나 능력이나 높음이나 깊음이나 다른 어떤 피조물이라도 우리를 우리 주 그리스도 예수 안에 있는 하나님의 사랑에서 끊을 수 없으리라(롬 8:37-39).

라이트가 주장하듯이, 예수의 부활에 근거해서 초기의 그리스도인들은 예수가 그리스도라는 것뿐만 아니라 그가 하나님의 아들-'유일하신 참 하나님의 인격적인 구현과 계시'-이라는 것도 믿게 되었다.[38] 그런 언어는 로마서 5:5-10과 1:3-4에 나오는 예수의 부활과 연결되어 있다. 그것은 또한 갈라디아서 2:20에 나오는 바울 자신의 고백의 일부이기도 하다. "그런즉 이제는 내가 사는 것이 아니요 오직 내 안에 그리스도께서 사시는 것이라 이제 내가 육체 가운데 사는 것은 나를 사랑하사 나를 위하여 자기 자신을 버리신 하나님의 아들을 믿는 믿음 안에서 사는 것이라."[39]

---

38) Wright, *The Resurrection*, 372.
39) Wright, *The Resurrection*, 373.

참고문헌

Bachmann, M. "Zur Gedankenführung in 1. Kor. 15, 12ff." *TZ* 34 (1978): 265–76.

Bassler, J., ed. *Pauline Theology, vol. 2: Thessalonians, Philippians, Galatians, Philemon*. Minneapolis: Fortress, 1991.

Blank, J. *Paulus und Jesus. Eine theologische Grundlegung*. SANT 18; Munich: Kösel, 1968.

Boismard, M.-E. *Our Victory over Death: Resurrection?* Collegeville, MN: The Liturgical Press, 1999.

Brown, R. *An Introduction to the New Testament*. New York, London, Toronto, Sydney, Auckland: Doubleday, 1997.

Bucher, T. G. "Auferstehung Christi und Auferstehung der Toten." *MTZ* 27 (1976): 1–32.

———. "Nochmals zu Beweisführung in 1. Korinther 15,12–20." *TZ* 36 (1980): 129–52.

Bultmann, R. "New Testament and Mythology." In *Kerygma and Myth*, edited by C. F. D. Moule, 1–44. London: SPCK, 1953.

———. "ελπίς." *TDNT* 2: 517–23.

Conzelmann, H. *1 Corinthians*. Philadelphia: Fortress Press, 1975.

———. "On the Analysis of the Confessional Formula in 1 Corinthians 15:3–5." Int 20, 1965: 15–25.

Crockett, W. V. "The Ultimate Restoration of all Mankind: 1 Corinthians 16:22." In *Studia Biblica 1978: 3. Papers on*

Paul and Other New Testament Authors, ed. E. A. Livingstone, 83–87. Sheffield: Sheffield University, 1980.

Dahl, N. A. "Eschatologie und Geschichte im Lichte der Qumrantexte." In *Zeit und Geschichte. Dankesgabe an Rudolf Bultmann zum 80. Geburtstag*, edited by E. Dinkler, 3–18; Tübingen: Mohr Siebeck, 1964.

De Jonge, H. J. "Visionary Experience and the Historical Origin of Christianity." In *Resurrection in the New Testament. Festschrift J. Lambrecht,* edited by R. Bieringer, V. Koperski, and B. Lataire, 35–53. BETL 165; Leuven: University Press, 2002.

Dinkler, E. "Petrusbekentnis und Satanswort. Das Problem der Messianität Jesu." In *Zeit und Geschichte. Dankesgabe an Rudolf Bultmann zum 80. Geburtstag* 127–53. Tübingen: Mohr Siebeck, 1964.

Dunn, J. D. G. *The Theology of Paul the Apostle.* Grand Rapids: Eerdmans, 1998.

Dupont, J. *ΣYN XPIΣTΩI: L'Union avec le Christ suivant saint Paul.* Louvain: Nauwelaerts; Paris: Desclée de Brouwer, 1952.

Fee, G. D. *The First Epistle to the Corinthians.* Grand Rapids: Eerdmans, 1987.

Fitzmyer, J. *Romans.* Anchor Bible 33. New York: Doubleday, 1993.

―――. "Pauline Theology." In *The New Jerome Biblical Commentary,* edited by R. E. Brown, J. Fitzmyer, and R. E. Murphy, 1382–1416. Englewood Cliffs, NJ: Prentice Hall, 1990.

Furnish, V. *II Corinthians.* Anchor Bible 32A. Garden City, NY: Doubleday, 1984.

Gillman, J. "A Thematic Comparison: 1 Cor 15:50–57 and 2 Cor 5:1–5. *JBL* 107 (1098): 439–54.

―――. *Transformation into the Future Life: A Study of 1 Cor 15:50–53* (unpublished PhD dissertation; Leuven: Catholic

University, 1980), 320–22, quoted by G. D. Fee, *The First Epistle to the Corinthians*.
Hengel, M. *Between Jesus and Paul*. Philadelphia: Fortress, 1983.
Hoffmann, P. *Die Toten in Christus*. NTAbh 2; Münster: Aschendorff, 1966.
Hofius, O. "'Am dritten Tage auferstanden von den Toten'. Erwägungen zum Passiv egeiresthai in christologischen Aussagen des Neuen Testaments." In *Resurrection in the New Testament: Festschrift J. Lambrecht*, 93–106. BETL 165; Leuven: University Press, 2002.
Holleman, J. *Resurrection and Parousia : A Traditio-Historical Study of Paul's Eschatology in 1 Corinthians 15*. SuplNT 84; Leiden: Brill, 1996.
Huby, J. *Saint Paul: Épître aux Romains: Traduction et commentaire*. VS 10; 4th ed. Paris: Beauchesne: 1949; new revised ed. S. Lyonnet, 1957.
Jeremias, J. *The Eucharistic Words of Jesus*. London: SCM, 1966.
―――. "Flesh and Blood Cannot Inherit the Kingdom of God (1 Cor XV.50)." *NTS* 2 (1955–56): 151–59.
―――. "The Key to Pauline Theology." *Exp Tim* 76 (1964–65): 27–30.
Käsemann, E. *Commentary on Romans*. Grand Rapids: Eerdmans, 1980.
Kertelge, K. "Das Verständnis des Todes Jesu bei Paulus." In *Der Tod Jesu: Deutungen im Neuen Testament*, ed. K. Kertelge, 114–36. QD 74; Freiburg, Basel, Vienna: Herder, 1976.
Kloppenborg, J. "An Analysis of the Pre-Pauline Formula in 1 Cor 15:3b–5 in Light of Some Recent Literature." *CBQ* 40 (1978): 351–67.
Kramer, W. *Christ, Lord, Son of God*. Studies in Biblical Theology 50. London: SCM, 1963.
Kreitzer, L. J. *Jesus and God in Paul's Eschatology*. JSNTSup.19; Sheffield: JSOT, 1987.

Kummel, W. G. *Introduction to the New Testament*. Nashville, New York: Abingdon, 1975.
Lagrange, M.-J. *Saint Paul: Épître aux Romains*. Paris: Gabalda, 1916.
Lang, F. G. *2. Korinther 5:1–10 in der neuen Forschung*. BGBE 16. Tübingen: Mohr, 1973.
Lehmann, K. *Auferweckt am dritten Tag nach der Schrift*. QD 38. Freiburg, Basel, Vienna: Herder, 1968.
Lindars, B. *New Testament Apologetic: The Doctrinal Significance of the Old Testament Quotations*. London: SCM, 1961.
Lüdemann, G. *The Resurrection of Christ: A Historical Inquiry*. Amherst, NY: Prometheus Books, 2004.
―――. *The Resurrection of Jesus*. London: SCM, 1995.
Luz, U. "Aufregung um die Auferstehung Jesu. Zum Auferstehungsbuch von G. Lüdemann." *EvT* 54 (1994): 476–82.
―――. *Das Geschichtsverständnis des Paulus*. Beiträge zur evangelischen Theologie 49; Munich: Kaiser, 1968.
Matera, F. J. "Apostolic Suffering and Resurrection Faith Distinguishing Between Appearance and Reality (2 Cor 4,7–55,10)." In *Resurrection in the New Testament: Festschrift J. Lambrecht*. BETL 165, ed. by R. Bieringer, V. Koperski, and B. Lataire, 387–405. Leuven: University Press, 2002.
Metzger, B. "A Suggestion Concerning the Meaning of I Cor. XV, 4b." *JTS* 8 (1957): 118–23.
Mowinckel, S. *He That Cometh*. Oxford: Blackwell, 1959.
Müller, K.-H. "1 Kor 1,18–25, Die eschatologisch-kritische Funktion der Verkündigung des Kreuzes." *BZ* 10 (1966): 246–72.
Murphy-O'Connor, J. "Tradition and Redaction in 1 Cor 15:3–7." *CBQ* 43 (1981): 582–89.
Nebe, G. *"Hoffnung" bei Paulus. Elpis und ihre Synonyme im Zusammenhang der Eschatologie*. Göttingen: Vandenhoeck & Ruprecht, 1983.
Pesch, R. "Zur Entstehung des Glaubens an die Auferstehung Jesu." *TQ* 153 (1973): 201–28.

――――. "Zur Entstehung des Glaubens an die Auferstehung Jesu. Ein neuer Versuch." Freiburger Zeitschrift für Philosophie und Theologie 39, 1983: 72–98.

Plevnik, J. *Paul and the Parousia*. Peabody, MA: Hendrickson, 1997.

――――. *What Are They Saying About Paul?* New York/Mahwah, NJ: Paulist Press, 1986.

――――. "Paul's Appeals to His Damascus Experience and 1 Cor 15:5–7: Are They Legitimations?" *TJT* 4 (1988): 101–11.

――――. "The Destination of the Apostle and the Faithful: Second Corinthians 4:13b–14 and First Thessalonians 4:14." *CBQ* 62 (2000): 83–95.

Rese, M. "Exegetische Anmerkungen zu G. Lüdemanns Deutung der Auferstehung Jesu." In *Resurrection in the New Testament. Festschrift J. Lambrecht*, 55–71. BETL 165. Leuven: University Press, 2002.

Riesenfeld, H. "Sabbat et jour du Seigneur." In *New Testament Essays: Studies in Memory of Manson, T. W.*, 210–18. Manchester: Manchester University, 1959.

Robertson, A. and A. Plummer. *The First Epistle of St. Paul to the Corinthians*. ICC. Edinburgh: Clark, 1963.

Schlier, H. *Die Zeit der Kirche: Exegetische Aufsätze und Vorträge*. Freiburg: Herder, 1962.

――――. *Der Römerbrief*. HTKNT 6. Freiburg, Basel, Vienna: Herder, 1977.

――――. *Über die Auferstehung Jesu Christi*. Einsiedeln: Johannes Verlag, 1968.

Schmithals, W. *Gnosticism in Corinth: An Investigation of the Letters to the Corinthians*. Nashville: Abingdon, 1971.

――――. *Gnosticism in Corinth*. Nashville, New York: Abingdon, 1971.

Schnackenburg, R. *God's Rule and Kingdom*. New York: Herder and Herder, 1968.

Schrage, W. *Der erste Brief an die Korinther (1 Kor 15,1–16,24)*. EKKNT 7/4. Düsseldorf: Benziger; Neukirchen-Vluyn: Neukirchener, 2001.

Seeberg, A. *Der Catechismus der Urchristenheit*. Leipzig: Deichert, 1906; reprint Munich: C. Kaiser, 1966.

Stuhlmacher, P. *Das paulinische Evangelium. 1. Vorgeschichte*. FRLANT 95. Göttingen: Vandenhoeck & Ruprecht, 1968.

Tannehill, R. C. *Dying and Rising with Christ: A Study in Pauline Theology*. BZNW 32. Berlin: Töpelmann, 1967.

Thompson, P. J. "'Death, Where Is Thy Victory?' Paul's Theology in the Twinkling of an Eye." In *Resurrection in the New Testament. Festschrift J. Lambrecht*, ed R. Bieringer, V. Koperski, and B. Lataire; BETL 65, 357–86, Leuven: University Press, 2002.

Verweyen, H., ed. *Osterglaube ohne Auferstehung? Diskussion mit Gerd Lüdemann*. QD 155. Freiburg: Herder, 1995.

Wederburn, A. J. M. *Beyond the Resurrection*. London: SCM, 1999.

Wilcke, H.-A. *Das Problem eines messianischen Zwischenreiches bei Paulus*. ATANT 51. Zurich: Zwingli, 1967.

Wilckens, U. "The Tradition History of the Resurrection of Jesus." In *The Significance of the Message of the Resurrection for Faith in Jesus Christ*, ed. C. F. D. Moule, 51–76. London: SCN, 1968.

Woschitz, K. M. *Elpis Hoffnung: Geschichte, Philosophie, Exegese, Theologie eines Schlüsselbegriffs*. Vienna, Freiburg, Basel: Herder, 1979.

Wright, N. T. *The Resurrection of the Son of God*. Minneapolis: Fortress, 2003.

21세기 **신학 시리즈** ⑪
최근 바울과 종말론 연구 동향
What Are They Saying About Paul and the End Time?

2011년 4월 20일 초판 발행

지은이 | 조셉 플레브닉

옮긴이 | 김 병 모

펴낸곳 | 사) 기독교문서선교회
등록 | 제16-25호(1980. 1. 18)
주소 | 서울시 서초구 방배동 983-2
전화 | 02) 586-8761~3(본사) 031) 923-8762~3(영업부)
팩스 | 02) 523-0131(본사) 031) 923-8761(영업부)
홈페이지 | www.clcbook.com
이메일 | clckor@gmail.com
온라인 | 국민은행 043-01-0379-646, 기업은행 073-000308-04-020
　　　　　예금주: 사)기독교문서선교회

ISBN 978-89-341-1135-1 (94230)
ISBN 978-89-341-0686-9 (세트)

* 낙장 · 파본은 교환해 드립니다.